教育管理与教学质量提升研究

周　非　麻爱彦　李江红　著

哈尔滨出版社
HARBIN PUBLISHING HOUSE

图书在版编目（CIP）数据

教育管理与教学质量提升研究 / 周非, 麻爱彦, 李
江红著. — 哈尔滨 : 哈尔滨出版社, 2022.11
ISBN 978-7-5484-6909-4

Ⅰ.①教… Ⅱ.①周… ②麻… ③李… Ⅲ.①教育管
理—研究—中国②教学质量—研究—中国 Ⅳ.①G526

中国版本图书馆CIP数据核字(2022)第216616号

书　　名：教育管理与教学质量提升研究
JIAOYU GUANLI YU JIAOXUE ZHILIANG TISHENG YANJIU
- -
作　　者：周　非　麻爱彦　李江红　著
责任编辑：杨浥新
封面设计：姜乐瑶
- -
出版发行：哈尔滨出版社（Harbin Publishing House）
社　　址：哈尔滨市香坊区泰山路82-9号　　邮编：150090
经　　销：全国新华书店
印　　刷：廊坊市海涛印刷有限公司
网　　址：www.hrbcbs.com
E-mail：hrbcbs@yeah.net
编辑版权热线：（0451）87900271　87900272
- -
开　　本：787mm × 1092mm　1/16　　印张：6.75　字数：114千字
版　　次：2023 年 4 月第 1 版
印　　次：2023 年 4 月第 1 次印刷
书　　号：ISBN 978-7-5484-6909-4
定　　价：48.00 元
- -
凡购本社图书发现印装错误，请与本社印制部联系调换。
服务热线：（0451）87900279

前言

如今，我国教育事业迈向了新的发展阶段，同时"互联网+"的新经济形态也对当前的高校教育管理水平提出了更高要求。教育管理模式在应用意识、标准建设、技术操作等方面仍然存在不足，无法满足高校教学质量提升和高素质人才培养的需求。因此，为进一步提高教学质量、规范教育管理，将信息化素养嵌入高校教育管理实践，创新传统的教育管理方式，探索更加高效的教育管理模式，成为必然趋势并具有重要的现实意义。

鉴于此，笔者撰写了《教育管理与教学质量提升研究》一书。第一章作为本书论述的基础和前提，通过教育管理概念与本质、教育管理特点与属性、教育管理功能与原则，进行教育管理的理论审视；第二章论述教育管理的内容体系、教育管理体系与创新策略、教育管理工作实践的多元化；第三章以教育教学模式及其质量管理为依据，探讨教育教学的常见模式、教学质量评估及其治理保障、教学质量管理思考与监控管理；第四章突出实践性，分别从在线课程教学质量的提升、师生交往视域下的教学质量提升、以形成性评价促进课程教学质量的提升、基于OBE理念的线上线下混合式教学质量提升这四个方面研究了教育教学质量提升的路径。

本书收录了部分教育管理与教学质量的优秀研究成果，内容全面翔实，结合围绕培养应用型人才的办学目标，尝试建立具有应用型教育特色的质量规范化管理机制，尝试在机制优化基础上构建规范化质量管理模式，以期对办学水平的提高起到促进作用，体现出教育管理工作可以发挥培养优秀人才、促进学校发展以及提高教学质量的重要作用。

笔者在撰写本书的过程中，得到了许多专家学者的帮助和指导，在此表示诚挚的谢意。由于笔者水平有限，加之时间仓促，书中所涉及的内容难免有疏漏之处，希望各位读者多提宝贵意见，以便笔者进一步修改，使之更加完善。

目 录

第一章　教育管理的理论审视

在社会快速发展和教育形势不断变化的过程中，有针对性地开展教育管理活动，可以显著提高教育管理效率。教育管理的理论审视是教育管理活动的基础，了解教育管理的理论有利于更好开展教育管理活动。基于此，本章主要围绕教育管理概念与本质、教育管理特点与属性以及教育管理功能与原则展开论述。

第一节　教育管理概念与本质

一、教育管理的概念认知

（一）教育管理的目的

1.目的类型

从不同的角度分析教育目的，至少存在以下类型。

（1）从教育目的的实现与否来看

从实现与否来看，教育目的可以分为理想的教育目的和实际的教育目的。理想的教育目的回答的是"应该培养怎样的人"的问题，属于一种教育目的的理想。例如，卢梭的"自然人"、康德的"一切能力的和谐发展"、斯宾塞的"完美生活准备"、涂尔干的"社会人"等。一般而言，理想的教育目的与实际的教育目的并不统一，理想的教育目的并不一定就是实际的教育目的，二者通常差异较大，甚至可能出现对立。

（2）就教育目的的制定者而言

就制定者而言，教育目的可以分为国家、政府或者社会团体提出的教育目的，以及个人的教育目的。国家、政府、社会团体提出的教育目的通常具有较大的约束力，[①]并在相应的教育实践活动中予以实施。而个人的教育目的在多数情况下并不一定转化为国家、政府的教育目的，也不一定能够影响教育实践活动。

（3）从教育目的的表现形式上来看

从表现形式上来看，教育目的可以分为外显的教育目的和内隐的教育目的。外显的教育目的通常是正式的教育目的、成文的教育目的，即由国家权力机关或立法机关以法令、法规、条例等形式颁布的教育目的。内隐的教育目的是未成文的教育目的，是未表述出来的"缄默"的教育目的。二者在一定程度上是不统一的。

（4）从教育目的的承载者来看

从承载者来看，教育目的可以分为教师的教育目的、学生的教育目的、校长的教育目的、家长的教育目的、政府的教育目的、社区的教育目的，这些类型的教育目的有些并不一致，甚至差异悬殊。例如：对素质教育中"素质"的理解：学生的教育目的可能强调系统知识的获得，教师的教育目的可能更重视能力的发展，家长的教育目的可能强调完整人格的培养，政府的教育目的可能强调外置的知识文化素质，社区的教育目的可能重视内在的自我发展的素质。

就教育者而言，区分不同类型的教育目的，核心的问题不是类型本身，而是必须意识到，在教育实践活动中，要有效实现教育目的，就必须考虑不同类型的教育目的的存在，在重视外显的教育目的、成文的教育目的、政府的教育目的、理想的教育目的的同时，关注内隐的教育目的、学生的教育目的、家庭的教育目的、现实的教育目的，尽可能地对不同类型的教育目的予以统筹安排。"从教育管理的实践来看，教育管理学科理论的丰富与发展无法给实践带来直接的效用"。[②]

---

① 约束力，就是指规范的效力。

② 胡中锋，许国动.现代教育管理理论丛林的发端、困境与发展趋势[J].高校教育管理，2014，8（5）：105.

2.目的特征

（1）良好的教育目的应该与社会所要求的人才培养规格密切相连

教育目的具有社会制约性，这种制约性主要体现在社会的经济、文化与科学技术等方面对教育目的的制约，特别是对人才培养规格上的制约。不同社会发展阶段，对人的素质要求不同。因此，在教育目的的确立上，不仅要考虑社会政治、经济等方面对教育的一般要求，还必须考虑一定社会发展阶段对人才培养规格的要求，并在此基础上对相关问题进行系统思考。

（2）教育目的必须与具体的教育情境相联系

尽管教育目的是一般的、抽象的，但是也不能脱离具体的教育情境。教育目的的确立不仅要考虑到社会发展的需要，从社会的需要出发，从受教育者的身心发展需要出发，而且还必须分析教育的实际情况，根据教育实际状况制定教育目的。只有这样，确立的教育目的才不会脱离教育实际，才能够指导教育实践活动，并具有在教育实践活动中接受检验的可能性。

（二）教育管理的主体

1.教师

（1）教师的角色解读

教育以学生为本，办学以教师为本。教师是完成教育任务和实现学校职能的主要承担者，是学校的第一资源，是学校最宝贵的财富，是学校生存和发展的根本。现今，教师作为学校的主导力量，是提高教育质量的决定因素。建设高水平的学校，提供高水平的教学、科研服务，离不开有一支师德高尚、业务精湛、结构合理、充满活力的高素质专业化教师队伍。

（2）教师角色的转变

教师被誉为人类灵魂的工程师、人类文明的传播者，教师一直承担传播知识思想、塑造学生的时代责任。在人类发展过程中，教师的角色一直是多种多样的，也一直承担着时代发展的重任。学生步入校园后除了学习知识之外，还要了解人际交往，还要积累生活经验，学生在这些方面的成长依然需要教师作为指引者。所以，教师需要明确自身职责，注重自身经验的积累，在实践过程当中不断地强化自己的育人本领。

（3）教师的社会角色

社会角色主要是社会学上的一个概念，包含两个方面的含义：①社会角色是一套行为规范，即社会对特定地位的人做出的权利、义务、行为的规定。②社会角色是一套行为期待。社会之所以要对特定社会地位的人做出行为模式的规定，就是希望他按照这一行为模式办事。可见，社会角色实际上就是对具有特定身份的人或人群的行为活动的规范和期望，它构成社会群体或组织的基础。教师作为社会的一个特殊群体，具有特定的社会角色。

2.学生

（1）自由与学生个性的发展

随着社会的开放程度明显提高，人们的思想也变得更加开放，在这样的环境下人们更加注重个性的发展。与此同时，社会步入了知识经济时代，更关注创新人才，这使得教育也开始注重学生的个性发展，为学生的个性发展提供了更充分自由的空间。自由与学生个性的发展包括以下内容：

第一，个性与个性发展。个性指的是个体心理特征中非常稳定的一种特征，它能代表个体心理特征中的某种情感倾向，个性的形成会受到遗传、学习和成长等因素的影响，个性特征主要体现在学生需求兴趣、性格、价值观以及能力等方面。个性的形成以生理作为基础，在这个前提下，社会当中的主体和客体在发生相互作用的时候促成了个性的生成，形成个性代表。

第二，自由与个性发展。班级教学知识在学校教育当中的应用极大地提升了学生的培养效率，但是班级教学的教学模式非常单一，而且所有的学生都要遵循规章制度当中的约束，这使学生从教学当中获得的自由越来越少，培养出来的学生越来越统一。在这样的情况下，人们意识到了自由缺失的严重性，开始倡导教育要关注学生自由，关注学生个性发展。

第三，学生自由与个性发展。学生自由包括两方面的内容：首先，学生自由指的是学生可以在学校举办的教育活动当中自主地参与活动，换言之，学生会获得更多的教育主动权、教育自主权，他们掌握了他们权利范围内的教育自由。但是，之前的传统教育模式更加注重教师权威性的树立，强调教师是绝对正确的，在这样的情况下，学生的主体性没有得到重视，学生通常是知识的被动接受者。在这样的情况下，培养出的学生没有较高的创造能力。其次，生活自由指的是在生活方面学生具有的自由。学生的自由是在某个范围之内的相对自由。

第四，教师自由与学生个性发展。这里提到的教师自由指的是学校应该对教师进行相对自由的管理，给予教师一定的权利，让教师可以自由选择教学内容、教学方法，让教师在教学中展现教学个性。

第五，学术自由与学生个性发展。学术自由最重要的方面有两个：①思想自由；②言论自由。思想指导行动，思想的发展会直接影响学生的个性发展。只有学生具有了独立的思想，学生才能是个性的学生。学校注重学生对知识和真理的掌握，但是无论是知识还是真理都存在相对性，知识和真理是不断完善、不断优化的，而且个人对知识和真理的理解角度不同也会形成多样的理解结果。所以，个体的思想必须承认这种多样性。只有承认多样性，个体才能是个性发展的。学校应该允许学生自主进行知识的探究、自主选择知识的了解角度。

总而言之，学校要想为学生的个性成长创造更优秀的环境，那么需要做到学生自由、教师自由以及学校的治理自由。教育应该先把学生看成独立成长的个体。虽然自由具有双面性，但是如果可以合理地运用自由，那么能更大程度地促进学生发展，也能使学校更好地发展。学校应该从尊重学生的角度出发为学生的个性发展提供自由的环境，真正做到学生全面发展和个性发展的结合。

（2）师生主体的关系建立

师生关系是学校各种关系中最基本的，也是最核心的关系。建立良好的师生关系是保障学校的教育教学、科研和管理工作顺利进行，提高学校核心竞争力的关键。因此，正确理解良好师生关系的内涵和意义，认识和把握制约与阻碍师生关系良性发展的问题，从而采取切实和合理的措施来解决这些问题，对于建设一种民主的、平等的、充满活力而又健康的良好师生关系具有重要的意义。学校师生关系是否和谐一致，直接关系到学校学生培养质量和学校未来的发展。良好的师生关系，可以使师生的主观能动性都得到发挥，充分调动学生参加教育教学的积极性，保证成果为本的互动式教学的顺利进行，培养出具有创新精神和实践能力的优秀学生。良好的师生关系具有尊师爱生、民主平等、教学相长的时代特点。师生主体的关系建立具体内容如下：

第一，尊师爱生。尊师的美德是就学生而言的。历史发展至今，尊师始终是我国的优秀传统美德。但是，随着社会多元化的发展，思想都发生了很大的改变，尊师的观念慢慢开始淡化。所以，在建设新型师生关系的过程中，应该加强学生的思想道德修养建设。师生关系是一种互动的关系，学生对教师的态度直接影响师生关系。因此，学校应该理解教师在某些方面的局限性，并正确认识自己的不足，理解和尊重教师，在生活和学习中与教师坦然相对，多主动与教师沟通。

第二，民主平等。在教育活动中，学生和教师是缺一不可的两大主体。缺少其中的任何一方，教育活动就无法正常进行。教师的职责是教书育人，具有主导性；学生是教育教学的承接者，是教育的主体。现代学生有其独特的身心发展特征，教师在与学生交流的过程中，应该遵循民主、平等的原则。所以，教师在与学生的交往过程中，要放下自身的权威性，平等、友好地与学生相处，成为学生真正的良师益友。另外，教师和学生在人格上是平等的，不具有等级性。在日常的生活当中，教师和学生应该相互信任、相互尊重，不是学生依附教师的关系。并且，所谓的平等关系并不是绝对平等，因为教师和学生的某些职责范围不相同，双方主导的方面也不相同。

第三，教学相长。新型师生关系的主要内容是：在学习上，师生应该相互促进、相互启发、教学相长。师生关系的建立是基于教学过程的，师生的主要人际关系集中在"教"和"学"两个方面，两者互相渗透的同时又相对独立。在教育教学的过程中，教师的基础知识储备和研究相关问题的能力优于学生，所以在学术权威上，教师更胜一筹。但是在发散思维、开拓创新上，学生具有绝对的优势。只有相互尊重和理解，才能实现教学相长，才能促进师生之间的交流沟通，进而建立平等、自主的师生关系。由此，教师的积极期待和消极期待会直接影响学生的发展和成长，会影响师生之间的关系。因此，教师和学生都应该互相信任、互相欣赏，让学生在教师的积极引导下不断激发出内在潜力。

总而言之，在具体的教学实践中，学生主要依靠教材获得知识，通过教师课堂传授有效接受知识，这种教学模式是教育最常见的方式。传统的教学理念是：教师只是单纯地传授知识，学生则机械化地掌握知识。相较于传统教学模式，现代的教学理念是培养学生的综合能力，引导学生树立创新意识。就现代教学而言，最要紧的是将以往被动式的学习模式转变为自主式学习模式。在现代的教学理念中，教育教学的过程是人际交往的过程，在此基础上，更注重师生关系的有效建立，更强调人际关系对教学的重要性。所以，和谐的师生关系是现代教学课堂的重要组成部分，通过师生之间的信息沟通和交流，最终实现教学相长。

二、教育管理的本质

当前，我国大学面临全球技术革新加快和信息化对传统知识冲击等多方面的挑战。在此情况下，亟须增强我国大学生应对知识爆炸的能力。高校要做到这一点，需加强和改善教育管理，抓住教育管理的本质。在教学方法、课程设置等方面，及时进行改革与完善，教会学生普遍认同民族优秀文化以及各领域共通的知识，为他们将来走上社会、进入职场做好必要的知识储备。

基础性是教育管理的本质要求与基本属性。同时需认识到，高校教育非实用教育，高校教育也非精英教育，高校教育非排他教育。高校教育就是一种基础教育。对高校教育的管理，要重抓基础、强方法。在基础知识传授、通用技能锻炼上，发挥管理的功能。

"教育管理长期流行于我国教育发展理念和实践的话语体系中，这就意味着它必然具备相当程度的合理性"。[1]其实学校对教育管理的投资，是一种机会成本的投资，因为它的成果不易于被衡量；而就学生而言，也是一种潜在的积累，短期内也难见到质的提升。这都需要学校、教师和学生有一个清醒的认识：从长远考虑，做好扎扎实实的管理，努力将高校教育的基础功课做得尽善尽美，发挥高校教育课程最大的潜在价值。

第二节　教育管理特点与属性

一、教育管理的特点

（一）突显教育功能

"教育改革即将全面展开的今天，如何把教育管理理论进一步发展成熟，以更加科学、高效地指导教育改革实践，是摆在每一位教育管理者面前的一项重要

---

① 靳澜涛.教育治理与教育管理的关系辩正及其实践反思——对一个老问题的新看法[J].教育学术月刊，2020（6）：17.

而紧迫的任务"。[①]高等学校的人才培养工作离不开高校教育管理。高校教育管理除了管理的属性外，还有鲜明的教育属性。

第一，高校教育管理的目标服从和服务于学生教育的目标。高校的教育管理是为了实现预定的教育目标。学生踏入校门的目的就是为了接受教育，高校如何通过高校教育管理来实现育人目标，是高校管理者必须思考的问题。高校教育管理必须要以学生圆满完成预定学习目标为服务基础，制定出可以促进学生德智体美劳全面发展的管理措施，完成不断地为社会输送人才的目标。高校教育管理与学生教育目标的关系是，高校教育管理是手段，学生教育目标是手段实施的依据。具体而言，有两个方面：首先，学生教育目标的实现离不开高校管理目标的实现。学校只有开展有效且高效的教育管理，才能为学生学习提供各种便利和服务，才能积极调动学生的主观能动性，保证教学活动正常进行和学生的全面成长。其次，高校教育管理的目标要以学生教育的目标为实施依据。

第二，教育方法在高校管理方法体系中具有突出的作用。高校教育管理活动应该要以现代管理活动中最常见的教育方法为基础手段，提高高校教育管理的实施成效。而高校教育管理是在组织活动中实现的，组织活动离不开人的参与，只有做好人的思想工作，以思想领先为原则影响他人，才可以引导和制约人们的各种活动。就高校教育管理活动而言，学校就是要通过对学生进行不断的思想道德教育，从而来促使高校教育管理中的法律方法、行政方法和经济方法卓有成效地实施。

第三，高校教育管理过程同时是教育学生的过程。高校教育管理是对学生进行指导和管理，蕴含着丰富的教育因素。高校教育管理的过程会直接影响学生德智体美劳的发展，因此高等学校管理工作的实施，一定要对学生产生积极的影响。学校要以公正和谐的理念为基础，倡导从实际出发，遵循教育规律和管理规律、实事求是的科学精神，运用民主管理、依法管理、科学管理的手段，潜移默化地影响和教育学生。只有这样，高校教育管理制定的各项规章制度才能对学生起到思想引导和规范行为的作用。需要注意的是，高校教育管理者在管理的过程中的情感、态度和言行对学生也有着不可估量的影响。因此，高校教育管理者在管理过程中也应注意自己的一言一行，努力成为正面积极的表率与模范。

---

① 黄永军.发展教育管理理论的方法探究[J].国家教育行政学院学报，2011（1）：43.

（二）影响价值导向

社会经济基础和意识形态等方面对高校教育管理的目的、管理体制和管理形式是具有制约作用的，因此要注意高校教育管理对学生价值观形成、变化和发展的巨大影响。高校教育管理对人才的价值导向影响力巨大，如何为国家建设事业培养专业人才，是我国高校教育管理的一项重要课题。影响教育管理价值导向的具体内容如下：

第一，高校教育管理的价值导向集中体现在管理目标中。人类实践活动的基本特征是目的性。人的实践活动总是体现一定的价值观念，在实践对象的属性和一定需求及其变化趋势的基础之上做出认知判断，是人实践活动目的的基本内容和活动特性，高校教育管理的目的和人实践活动的目的相同。实际上，学生价值观的形成和发展离不开高校教育管理的引导和促进，高校教育管理系统中价值观的确定和设计是高校教育管理目的实行与运作的根基。所以，我国高校教育管理的实行，要遵从我国核心价值体系的要求。

第二，高校教育管理的价值导向突出体现在管理理念中。作为高校教育管理指导思想的高校教育管理理念，对高校教育管理的原则和方法有着直接的制约作用，是对社会先进价值观的具体贯彻，是对社会价值体系的鲜明体现。

第三，高校教育管理的价值导向具体体现在管理制度中。高校教育管理若想要实现规范化、制度化和法制化，其基本保证和主要标志就是制定科学又严谨的规章制度，这是高校教育管理能够顺利实施的基本方法。管理规章制度的制定离不开价值观念的指导和影响，其具有鲜明的价值导向，对学生的价值观产生有巨大影响。具体而言，教育管理可以对学生的行为进行一系列的要求，制度中可写明具体的行为规范。

（三）管理任务复杂

高校学生的专业学习和日常生活属于高校教育管理的内容，高校教育管理对学生各方面各环节的培养和管理是任重而道远的，有其特有的复杂性。高校教育管理在实施的过程中，不仅要注意高校学生中心任务的顺利实行，即对学生学习行为和实践活动的管理和引导，还要注意从高校学生健康成长的角度出发，对学生间交际行为、消费行为、网络行为等高校学生的日常行为进行管理和引导。通过以上工作，高校对学生的异常行为早发现、早校正和早处理，以保证高校学生的健康成长。具体而言，一般可分为以下四个方面：

第一，对学生现实群体与虚拟群体的管理与引导。随着现代科技的不断发展，社交应用媒体的更新频繁，高校学生个性的不同会导致其活跃在不同的网络社群。所以，从实际出发，不仅要对高校学生现实群体（如学生班级、学生党团组织及学生社区和生活园区）管理和指导，还要对高校学生依据网络平台形成的虚拟群体给予持续的关注与管理。

第二，高校学生校内外的安全都要进行关注与管理。高校学生的学习生活不止在校内进行，校外也是其活动的重要组成区域。因此，在高校教育管理工作中，不仅要对学生校园内的生活进行合理的引导和管理，还要对校园外的生活进行持续的关注和督促。

第三，在开展高校教育管理工作的过程中，要全面地考虑学生的具体情况。不仅要关注可以调动全体学生学习积极性的奖学金评定工作，还要关注家庭困难学生的资助工作，才能保证高校学生学业的顺利完成以及学生心理的健康发展。

第四，针对新生与毕业生的不同情况，高校要运用学校的资源提供不同的指导和服务。针对新生，高校教育管理要及时帮助新生明确未来要实现的具体目标，制定合理且科学的职业生涯规划，推动学生对高校生活的合理安排，为其未来发展奠定良好的根基。针对毕业生，要及时地为其提供就业与创业方面的信息，进行积极的服务与指导，促使学生能够快速地从学生身份向社会工作者的身份转变，最大化地实现自身价值。

第五，学生有明显差异和个性，每个人都有其特性，高校教育管理对学生这种个人特质的遵循是有效开展高校教育管理工作的前提。在这个前提下，高校教育管理对学生实行的因人制宜与因势利导的针对性工作，就具有了其特定的复杂性。

（四）学生成长影响因素复杂

高校人才如何能够健康成长，是高校教育管理的重中之重。在现实生活中，影响高校学生学习生活的因素多种多样，不止有学校内部的教育生活因素，外部环境因素的影响也不可忽略。由于外部环境的构成因素非常复杂，因此高校教育管理的应对也呈现出相应的复杂化。环境因素通常会通过学生的学习生活活动、人际交往等方面，对学生的成长产生不可忽视的影响和作用。其中涉及了多种多样的环境因素：①历史和现实的因素；②自然和社会的因素；③物质和精神的因素；④国际和国内的因素；⑤家庭和学校周边社区的因素。

尤其是在现代科技与信息飞速发展的大背景下，全球一体化趋势越来越明显，世界各国联系紧密，学生对世界各地信息的获取变得越来越容易，这些信息对学生思想和精神的影响也愈发深远。

二、教育管理的属性

传统高校教育管理存在人文不足、形式单一、反馈不足等诸多弊端，这与教育管理现代化的发展要求相悖。现代高校教育管理具有科学性、及时性、差异性、互动性、整合性、权变性等属性和优势。高校教育管理属性的具体内容如下。

（一）科学性

现代高校教育管理克服了传统小数据的局限性和不能反映整体的不足，通过全面的考量洞察师生的行为规律，从而提高教育管理科学性。当前，人类行为大部分是可以预测的，人类的行为也是有规律的，人类的大部分行为都受制于规律、模型以及原理法则，而且它们的可重现性和可预测性与自然科学相当。

在教育决策方面，现代高校教育管理具有科学性。高校教师的科研数据、教学数据、评奖评优数据、参加各类大赛数据及其生活、作息、交友、娱乐等数据，它们之间及它们与学校的管理机制、制度及投入等都有着诸多关联，这些数据背后都隐藏着规律。例如，可以通过对科研成绩斐然的教师的作息和科研之间的关系、兴趣爱好与科研之间的关系、教学成效与科研之间的关系等诸多维度进行数据关联分析，建立数据模型，寻找其中规律，为科学决策提供依据，从而更好地制定学校科研政策、教学管理制度及评价制度。

同时，现代高校教育管理对于学生的学习与需求、舆情监控及科学决策有着重要意义。学生的学习成绩、能力素质、上网习惯、图书借鉴、就餐情况等之间存在某种关联，通过数据分析，寻找这种关联和规律，增强教育管理的科学性，从而收到"事半功倍"的效果。

（二）及时性

现代高校教育管理是即时的、当下的，具有预警性，这为教育管理者抓住关键时期开展工作提供了技术保障。在网络深度覆盖的校园里，师生活动处处有数据、有信息，合成空前的数量，其中的信息暂不考虑其现象是否与本质完全吻合，但是一些异常的信息和规律性的信息总是会在海量数据中涌现出来。对异常的信息，通过相应数据技术设立容忍度和临界点，使之达到界限后启动报警系统，最终起到防患于未然的作用。学生的交际问题、学业问题、就业问题、感情问题及经济问题等，都必然会通过现代高校教育管理的各种媒介得到展示与抒发。现代高校教育管理可以做到因势利导、超前谋划，及时预防和处理危机事件，将相关损害避免或减少。

（三）差异性

因材施教、个性化管理和多样化人才培养一直是教育的理想。高校教育管理对象具有差异性，尊重学生的个性特点、兴趣爱好、能力差异、家庭背景差异等，是高校教育管理者做好教育教学管理和服务工作的前提。在小数据的时代，高校教育管理者要做到察微知著是比较困难的，但是在信息化时代，这一切都显得比较容易。现代教育教学资源，可以为学生量身定做适合个性特征的培养方案和课程清单，让学生突破时空限制，享受高质量的教育教学资源。

（四）互动性

现代高校教育管理克服单向度，实现师生的互动，从而产生互动效应。互动效应在心理学上指两个或两个以上的个体通过相互作用而彼此影响，从而联合起来产生增力的现象，亦可称为耦合效应或联动效应。一般而言，赋予积极的感情行动，将会收获积极的感情反应。现代高校教育管理应用大数据教学平台，高校教师与学生可以即时互动，答疑解惑、传道授业；对于学生做题的速度、学习的进度，教师都可以实时监控，做出处理；其他学习者也可以做出解释和指导。在这样的学习互动氛围中，信任、支持、谨慎、勤奋及求精等情感信息释放，从而在整个群体中产生积极互动效应。

（五）整合性

现代高校教育管理通过大数据技术很好地实现资源整合。初级层次的资源整合是介于学校内部各部门、各单位之间的数据资源整合。通过大数据平台的建设，可以打破部门数据分割，实现数据共享，促进数据公开和流通。高校之间及区域之间的大数据平台建立是资源整合的高级层次，这对于促进整个地区乃至国家的教育发展、资源节约具有重要的战略意义。

（六）权变性

权变管理的核心思想就是"以变制变"。管理没有定法，只能根据外部环境和内部要素的变化而采取不同的方法策略。学生的学习数据、教师的教学数据、管理人员的行为数据、监控里的安全数据等，都是动态的、实时的，形成一股股信息流，一切都是不断向前流动的过程，故而"变"是高校教育管理永恒的主题。这就要求高校教育管理人员要及时掌握管理对象、管理内外部环境的变化情况，研究各种变化的趋势和规律，并研究各种变化之间可能的相互作用及后果，从而提前采取科学、适宜的有效方式来应对。

第三节　教育管理功能与原则

一、教育管理的功能

第一，导向功能。教育管理是一种有目的的活动，这种目的在总体上就表现为教育管理目的，在具体的教育活动中则表现为教育者管理者的行动目标。如果教育管理的目的不正确，或者虽然有正确的教育目的但不能用它来指导教育实践，那么教育管理活动就会偏离正确的方向，达不到应追求的目标。因此，教育管理活动是保证正确办学方向的根本依据。同时，教育管理活动是教育者和受教育者双边活动协调和统一的基础。

第二，选择功能。一方面，人类社会发展至今，可供学生学习的人类知识经验、文化成果极其丰富，需要培养的技能技巧多种多样，需要培养的能力方方面面。教育管理明确了的教育目的，决定了选取教育内容的标准，以及选取内容的范围和程度。另一方面，有了明确的教育管理，便可以依据教育目的选择相应的教育途径、教育形式、教育手段和教育方法，以保证教育活动有统一的教育目标和步调、统一的衡量教育结果的标准和指标。

第三，协调功能。教育管理不仅从整体上指引教育活动的方向，而且在实际教育活动中发挥着控制和协调的功能。一方面，有了明确的教育管理，才能将教育计划、教育内容、教育手段、教育方法等环节有机地整合起来，进而实现教育目的。另一方面，在实际的教育活动中，诸多因素对其产生影响；有了明确的教育管理，才能有效地协调这些教育影响，才能使学校、家庭、社会围绕教育管理发挥积极作用，共筑教育合力。

第四，评价功能。教育管理具有评价功能，教育质量评价标准和指标的确立必须以教育管理目的为根本依据。教育管理在实施前是教育活动的理想追求，对教育活动有导向作用。在实施过程中，教育管理具有不断纠偏的作用。在实施以后，教育管理发挥着评价教育结果的作用。同时，教育管理只有具体体现在学校教育的各个评价指标体系中，才能切实发挥其导向与协调的功能。

二、教育管理的原则

原则是人们对客观规律的认识和反映，是指导人们观察和处理问题的准则。由于规律具有不以人的意志为转移的客观性，因此作为客观规律反映的原则也应该具有一定的客观性。任何管理活动，总是自觉或不自觉地遵循着某种原则，这就是管理原则。为了使管理活动有效，管理原则必须符合客观规律，并且不断地随着社会的变化而发展。

（一）教育管理原则的特性

高校教育管理原则是从事高校教育管理时应遵循的活动准则和基本要求，它是从高校教育管理的实践活动中总结提炼出来的，反映了高校教育管理活动的特殊性规律和特点。确立高校教育管理原则，既要借鉴现代管理的一般理论，又要充分考虑高校教育管理的特殊背景；既要追求理论上的相对完备性，又要强调对实际工作的指导意义。高校教育的一般基本规律包括两个方面：首先，高校教育与社会协调发展的规律；其次，高校教育与受教育者身心全面发展相适应的规律。高校教育管理原则必须以这两个规律为前提，才能避免高校教育管理与高校教育工作者之间的影响，从而最终提高管理效益。教育管理原则的特性具体内容如下：

第一，高校教育管理原则的特殊性。高校教育管理者面对的是教师和学生。教师既是管理对象又是管理者，他们面对的是有意识的学生。因此，高校教育管理中要充分调动教师和学生的积极性和主动性，并为他们创造有利于独立思考、自由发挥的条件和环境。同时，由于教师和学生都是脑力劳动者，高校教育管理过程以知识为中介，有大量的学术问题，因此要注意行政管理与学术管理的统一，这就是高校教育管理的特殊性。

第二，高校教育管理原则的系统性。教育管理原则应构成一个系统，具有整体性、目的性和关联性。高校教育管理原则体系的整体性在于，各原则围绕怎样提高高校教育管理效率这一目标结合为一体，没有一条原则能脱离原则体系整体而存在。只有存在于原则体系中，每一条原则才有它的功能。而且，原则体系的功能是以整体功能而论，而不以某一条原则的功能而论，原则体系的整体功能不等同于各条原则功能的简单相加。各条原则只有在原则体系整体功能目标即提高高校教育管理效率的指导下，以合理的方式相互联系在一起并充分发挥各自功能，才能保证原则体系整体功能的实现。

总而言之，高校教育管理原则是从事高校教育管理时，人们应遵循的行为准则和基本要求。高校教育管理原则体系的目的性在于，利用原则指导具体的高校教育管理实践活动，使管理活动更符合客观规律，从而提高高校教育管理效率。高校教育管理原则体系的关联性是指涉及高校教育管理过程的各条原则应该相互依存、相互补充、相互制约。

（二）教育管理原则的内容

高校教育管理的基本原则应该是根据一般管理学的原理提出的，同时又特别适用于高校教育管理领域，它们必须全面、准确地反映高校教育管理活动的特点、本质与规律；它们在理论上是完备的，在实际工作中又是切实可行的，能覆盖整个高校教育管理活动领域，普遍有效地指导高校教育管理实践活动。根据上面对高校教育管理原则确立的依据分析，高校教育管理基本原则体系应该包括以下五个方面内容。

1.方向性原则

管理是一种有目的的活动，管理工作必然有方向。管理成效的大小，主要决定于方向是否正确。任何管理都是为了实现一定的管理目标。管理目标是管理活动的前提，管理目标体现管理的方向。教育是培养人的社会活动，就其本质而言，教育必须与一定的经济发展状况相适应，并为其服务。不论哪种社会性质的高校教育，培养怎样的人都是一个根本问题，是高校教育目标的核心，它集中体现了高校教育管理的方向。

2.高效性原则

任何管理活动，其基本目的都是为了提高组织系统的效率和效益。管理效率和效益的关系，是与管理目标联系在一起的。高校教育管理的高效性原则是高校教育管理本质的直接体现和具体化，它要求以一定的高校教育资源投入，培养和提供更多的合格高级专门人才和高水平的研究成果。换言之，培养和提供一定数量的合格人才和研究成果，投入的高校教育资源要求最少。高校教育所产生的效益是多方面的，它既能促进生产力的发展，又是巩固建设精神文明不可或缺的手段，是社会得以延续和发展的重要条件。这些主要体现在提高劳动者素质和培养人才的数量和质量方面。同时，高校教育在发展科学技术文化方面的作用也是十分重要的。

3.整体性原则

高校教育管理整体性原则既决定于高校教育系统的整体性，又受制于培养高级专门人才的高校教育目的。高校教育管理的整体性原则可表述为，以培养人才为中心，科学地组织各方面工作使之有效配合，并充分地考虑社会环境中诸因素的影响。高校教育除了培养人才的职能以外，高校还有开展科学研究的职能和直接为社会服务的职能。高校教育管理的目标和内容，不是单一的教育、教学活动的管理，而是包括教育、科学研究和直接为社会服务等活动的综合管理。不论是培养人才、开展科学研究和为社会服务，都与社会系统紧密相关，都必须与社会经济、政治、科学文化相适应。因此，必须把高校教育管理放在整个社会环境中考虑。

4.民主性原则

高校教育与社会发展相适应的规律决定了高校教育是开放的系统。高校教育发展的历史已经证明，追求科学与民主是高校教育的重大使命。追求科学，可保证高校学校教学、科研的生命活力；发扬民主则是追求科学的保障。民主性原则是由高校教育管理封闭性和开放性相统一的规律决定的。要办好既封闭又开放的高校，不发扬民主，不调动师生员工的积极性和创造性是不能想象的。因此，高校教育和高校进行重大决策时，都必须发扬民主。

5.动态性原则

任何事物都是处于不断变革之中的。管理过程是一个不断发展变化的动态过程。管理对象内部诸要素是不断发展变化的，它们之间的关系也在不断发展变化着，管理系统的外部环境也是变化、发展的。因此，管理过程的实质，就是根据管理对象和条件的变化、发展，对其相互关系做出相应的调整，以实现整体目标。我国正处于经济转型期，相应地，引起社会生活各个方面的变化，随之需要改革高校教育，使之适应并促进社会经济、文化、科技等体制改革的要求。高校教育作为一种社会技术系统，与外部环境处于动态的相互作用之中。管理活动与管理对象、管理环境之间有着本质的、必然的联系。高校教育管理过程中要完成的任务、组织的结构、用来完成任务的技术和参与的人员都处于动态之中。

第二章　教育管理内容体系与工作实践

创新教学管理理念，构建科学的、完善的专业教育管理内容体系，进行有效的教育管理工作实践，是教学质量不断提高的根本保证，也是当前教育管理提升的重要内容。基于此，本章主要从教育管理的内容体系、教育管理体系与创新策略以及教育管理工作实践的多元化几个方面展开论述。

第一节　教育管理的内容体系

做好教学管理，提升管理质量，其核心在于管理者清楚知道要管的内容、重点管的内容以及如何能够管理好。教学管理本身是一个整体，教学管理内容体系，从多元化角度出发进行体系框架的表现。从教学管理业务的科学体系或工作体系来说，可以归纳为四项，分别是教学计划、教学运行、教学质量管理与评价、教学基本建设管理。如果将教学管理职能作为划分标准的话，包含控制协调、评估激励、研究创新、决策规划、组织指导。从教学管理层次与高度层面上进行分析，涵盖教学改革、教学建设与日常管理三方面。

一、教学计划管理

人才培养方案是学校为了提升教育教学质量、确保培养规格的关键性文件，是安排教学活动、设置教学任务、维护有序教学的依据所在。教学计划是在中华人民共和国教育部宏观指引之下，由学校组织专家自主制定完成的，所以每个学校拥有很大的自主权。高校教学计划在确定之后必须全面贯彻落实。教学计划管理核心在于合理设计人才培养蓝图，要求学校在企业中注入极大精力，开展基本调查研究，尤其是在获知新的教育观点、教学内容、培养模式等方面。教学计划只有保证课程结构体系的优化与全面，才能将人才培养的总体规划进行有效定位，才能够为优秀毕业生的培育奠定坚实基础。其中特别要注意，在制定了教学计划后，必须严格贯彻，切忌随意散乱。

二、教学运行管理

高校教学管理基本在于利用规范化管理确保教育教学活动顺利有序地运转，提升教学水平。高校教学运行管理是围绕教学计划落实开展的教学过程与有关辅助工作的组织管理。教学过程指的是学生受教师引导下的认知过程，还是学生利用接受教学活动的方式收获综合发展能力的过程。高校教学过程在组织管理方面的特征，主要有三点：①学生学习自主性与探究性特征明显；②坚实基础学科教育根基上的专业教育拓展；③教学科研不断整合。以这些特征作为重要根据，教学过程组织管理，特别要做好课程大纲的设置；设计组织管理内容、程序、规范要求等，以便对教学过程进行检验。

三、教学质量管理

高校教学质量这个概念具有很强的综合性，判断教学质量水平指标应涵盖教学、学习与管理质量的综合性指标，才能够得到客观准确的评估。高校教学质量是不断渐进累积的产物，是动态与静态管理整合形成的，所以要关注动态与过程管理，实现过程与结果的统一。高校革新教育思想，提升教学水平，是做好教学质量管理的基础。教育管理要做好质量监控，设计全程质量管理，构建与学校相适应的质量监控体系与运行机制，就必须对质量监控概念、要素、组织体系等进行梳理，认真研究质量监控与保障的全部有关问题。高校要积极构建围绕核心、科学化与可操作性强的质量管理模式。

第二节　教育管理体系与创新策略

一、教育管理体系的创新策略

（一）进行信息化管理体系改革

管理系统包括三个方面的内容：隶属关系的确立、组织结构的建立和管理权限的划分。高校教育管理系统是指对高校教育管理的组织结构和权力归属进行划分，划分的时候既要注重培养目标的特殊性，又要体现教学水平，更要能遵循教育教学规律，这隶属于高校的管理体系。在当今信息时代，学校的环境变得更复杂、更多样，这要求学校的管理方式既要多样化，也要兼顾个性化。新技术环境冲破了原有教育结构的刚性布局，形成了灵活多变的结构和扁平化的信息传递渠道。因此，对传统校园教育管理体系进行改革是有必要的。

在改革过程中，信息技术提供强有力的支持，为教育管理体系改革注入了新的活力，在学校管理组织体系中应用广泛。同时，信息社会的到来，让教育管理者开始面临极大的挑战，也提高了对他们综合素养水平的要求标准，需要他们与时俱进，不断适应新时代，抓住机遇迎接挑战。

（二）划分教育管理的相关权限

在高校教育管理组织环境下大数据趋于简化，但组织关系更为复杂，这是因为缩减机构，降低管理人员的数量，导致机构之间、管理人员之间以及机构和管理人员之间的关系更为复杂。系统经过发展后，会逐渐变得更加复杂。就高校而言，高校层面是宏观层面的管理，教学质量和高校协调控制是否有效拥有着非常紧密的关联。所以，高校应对整个学校的所有专业进行很强的管理，并施行对应方针政策，这样才能作为整个教学过程的有力保障者和支持者。

管理的具体内容涵盖：领导学校招生和分配工作，决策全校教育管理重大事项，建设教育管理制度规章，完善教学质量评价系统，设计科学化教育培训规划，提出或者修正教育计划要求，对实习进行安排，对公共选修课和文化素质课进行安排，对学生进行管理，加强教学科研信息系统及教学基础设施的建立。学校管理系统的职能首先是宏观管理，其次是为教学工作提供方便，最后是决策。这些管理活动在不同部门的分工不同，赋给各部门的权限也不同。学校（系）及各部门层面有比较完整的教学管理组织结构，如有多个部门和相应的教学秘书，有教务处，对学生的工作负有特殊的责任，还有分配学校教育经费的权力，制定各学科的教学计划，负责部门课程安排、教师安排的权力；制定更加详细的专业教学，如组织的教学研究活动、教学质量评价、各种考试的组织、实验设计和实践安排；负责学院和学校的学生奖惩等处理以及院（系）、学校教学之间的协调问题等。在这一系列活动中，师生参与决策。

但是在教育管理中，谁也没有发言权。换言之，教育管理的权威掌握在学校领导的手中。为了能够让教学活动变得既有效又有趣，应该将更多的权力和更多的自由给予教师和学生。首先，教师和学生对涉及教学层面的重大决策和决议，都有评价权、提案权甚至决策权，而且这些权力应该设立具体的规章制度进行保障。其次，对于教师，他们可以选择教学对象、研究项目，并得出自己的结论；对于学生，在正确的方法指导学习的前提下，具有选择选修课程的自由、选择相关的专业的自由、选择教师的自由和选择学习内容的自由，并且能够形成自己的自由思想，参与教育管理评价。

二、教育管理体系创新的策略

教育管理体系的创新，迫切需要理论指导、信息技术支持、管理支撑和组织保障。为此，提出如下教育管理体系的创新策略思路。

（一）加强对 BPR（流程再造）理论的研究

西方国家从工业社会到后工业社会的发展历程漫长，从古典的工业流程管理思想到"企业流程再造"的研究，形成比较系统完整的BPR理论。BPR理论推广应用的本质是要引起企业流程激进式的变革。将BPR理论引入高校教育管理流程再造中，同样也是要引起高校教育管理流程激进式的变革，这种变革也是我国高校坚持教育创新所需要的。总体而言，我国高等教育界对BPR理论的研究起步时间不长，深入研究不足，没有形成这方面比较成熟的理论，特别是还没有真正形成适合我国高校教育管理流程再造的理论。因此，就需要我国高等教育界的理论工作者，以及实际管理工作者进行更深入的思考，以克服流程再造的盲目性和风险性，以较低的成本实现高校教育管理流程再造的高效率和高效益。

（二）建立教育管理流程的网状型管理体系

传统的教育管理模式是一种垂直的线型管理模式，而信息化时代则带来了全新的扁平化网状型管理模式。BPR理论要建立起来的企业管理方式，是适合信息化时代要求的网状型管理模式。以教育管理哲学为指导，建立起高校宏观、中观和微观教育管理流程的网状型管理体系，是现代高等教育发展的客观要求，具体表现为：①宏观教育管理流程再造，是指国家教育管理主体在教育领域中，采用BPR理论重新反思和审视整个教育管理流程，提出未来的教育管理发展理念；②中观教育管理流程，是地区教育管理主体以宏观教育管理流程再造思想为指导，在本地区内采用BPR理论重新反思和审视本地区教育管理流程，提出未来教育管理发展思路；③微观教育管理流程再造，是指高校教育管理主体在宏观教育管理流程再造和中观教育管理流程再造思想指导下，以BPR理论重新反思和审视本校教育管理过程，提出本校未来教育管理发展模式。

（三）建立教育管理信息系统相关平台

由于教育理念和技术上的问题，传统的教育模式并没有真正以开发学生特长为宗旨，对学生实施个性化教育，因此学校培养的学生难以满足现代社会多样性发展的需要。而当今现代电子信息技术的迅速发展已使得学校有可能运用先进技术，以学生的个性化发展为中心，来进行组织结构和教育流程的重新设计，即进行学校的教育流程再造。

现代信息技术手段为教育流程再造提供了有力支持，学校应该充分利用流程再造技术和现代信息系统平台进行教育流程再造，建构起教育流程再造的信息技术支撑体系，激发学生的兴趣和爱好，培养学生的个性特征和创新性，有效地提高教育质量。

（四）建立规范化的教务管理流程运行体系

高校教育管理流程再造的切入点就是促进高校教务管理流程规范化、信息化、效率化。高校教务管理流程规范化，是指高校教务管理主体在教务管理流程中建立起纵向（教学校长—教务部门—院系及教师和学生）、横向（教务部门与各部门）之间信息沟通和协作互动的制度化和有序化运行机制。高校教务管理流程信息化，是指高校教务管理主体在教务管理流程中，以现代信息化技术和方法为工具，建立起全校师生共享的内部教育信息系统平台，以及与外部连接的教育质量反馈、市场需求动态等信息系统平台。

高校教务管理流程效率化，是指高校教务管理主体以教务管理流程为导向，建立围绕流程目标和任务开展工作的团队，把现行的科层式（金字塔型）组织再造成扁平化的流程型组织，以提高办事效率。高校教务管理流程应该体现教育教学规律，符合人才培养目标和制度的要求，体现管理的科学性、高效性。对教务管理流程进行规范化的第一步，就是要对现有教务管理流程进行优化。在这一过程中需要一定的工具，才能更有效地进行优化。运用"5W1H"分析方法和"取消、合并、重组和简化的原则（ECRS）"优化方法，形成如下的分析改进模式：

第一，对每条流程都要反复询问，寻求更优流程：①What——这条流程的目的。②Why——设计流程的原因，是否符合流程设计原则；设计活动的原因，是否有存在的必要。③Where——流程中各个活动进行的地点，是否符合流程服务对象的要求。④When——流程中各个活动的完成时间的要求以及对效率的影响。⑤Who——流程中各个活动由哪个岗位来执行最为有效。⑥How——流程如何执行，是否需要监督。

第二，在分析基础上，采用ECRS方法对教务管理流程进行改进：①Eliminate（取消）——把不必要的活动取消。例如，有的签字活动，实际没有起到审核作用，没有存在必要。②Combine（合并）——把具有相似功能的活动合并，减少工作交叉，减少矛盾影响。③Rearrange（重排）——在可能情况下，将串行活动改为并行活动，提高管理灵活性与效率；或是将监督活动前置，变事后检验为事前预防。④Simplify（简化）——对简单的约定俗成的活动，不必在流程中表达，如一般资料的传递活动、上级对下级的一般工作的指导审核活动。

　　总而言之，流程再造的根本目的就是要以高校教务管理流程规范化、信息化、效率化为切入，以教师为本，激活教师教学的自觉能动性，促进学生个性化发展，努力提高自主创新能力，培养适合社会需要的创新人才。

第三节　教育管理工作实践的多元化

一、信息化时代学生教育管理工作

（一）学生的学习与生活管理工作

　　学生是高等学校培养教育的对象。加强对学生的管理是高等学校的根本任务，也是培养学生成才、提高教学质量和实现办学目标的重要手段。高校学生管理是高校对学生工作的综合管理。在高等学校整个教育过程和管理系统中，学生既是受教育者，又是学习的主体；既是学校工作的主要服务对象，也是参与学校管理的活跃力量。学生在高校中的这种特殊地位，决定了高校学生管理的特殊性和复杂性。高校学生管理的实质是，运用教育管理科学的知识和手段，指导与管理学生直接有关的各个部门的工作；综合协调各个部门的学生工作，形成和谐的学校学生管理系统，并对系统实施控制、分析、评价、调整，以高效地实现高校的教育目标。这也是高校学生管理的根本目的和指导思想。

　　学生的全面发展和健康成长，离不开德智体等各方面的教育。高校的各个部门都担负着一定的对学生进行教育、服务和管理的职责。所以，高校学生工作的科学管理水平，反映了整个学校的管理和教育水平，体现了整个学校的管理和教育工作的效果。高校的中心工作是为培养学生成才服务，学生管理的核心是要为学生成才提供良好的环境和条件。高校在对学生的管理过程中，要针对学生的特点，健全制度，制定规章，严格管理，积极疏导，依靠学生自我管理，系统教育，充分发挥学生的主体作用，促进学生德智体美劳全面发展。

1.学生的学习管理

对学生的学习活动实施有效的管理，是高校实现培养目标的重要保证，是学生管理的重要内容。学生的学习过程是高校教学过程的一个重要方面，要提高教学效果，必须加强对每个学习环节的有效管理及控制。学习环节的有效管理及控制的具体内容如下。

（1）预习管理

预习是学生根据教师指定的学习范围，在课前通过自学教材和参考书籍为听课做好准备，打好基础的环节。预习是学习的第一步，凡是学习新课程一般都应该先预习再听课。做好课前预习，可以引导学生的自主思维，提高学生学习的主动性和目的性，培养学生独立思考、分析问题的能力和自学能力，加深对教学内容的理解和记忆，提高学习效率和教学效果。加强对学生预习活动的指导和控制，是做好预习的重要条件。首先，指导学生善于预习，学会科学的读书方法；其次，激发学生的预习兴趣，引导学生体会预习的乐趣和效果，发现问题，激励学生通过自己的课前钻研主动地探求知识；最后，教育学生坚持预习，养成习惯，防止流于形式，对学生专业知识的学习和能力的提高会产生很大的促进作用。

（2）听课管理

课堂听课是学生获得知识最主要的途径，是学生学习最主要的形式。在教学过程中，学生是学习的主体，一切教学措施最终都必须通过学生的学习活动体现其成效。任何人都无法以任何方式代替学生的学习认识活动。基于这个认识，学生听好课堂讲授，是关系到学业成绩优劣的中心环节。对听课过程实施有效的控制，提高听课效果，首先，要求学生必须"四要"，即眼要看，耳要听，手要写，心要想，"眼、耳、手、脑"并用；教师应尽可能地采用多种教学手段，发挥多种传播媒介的综合效应，使学生对学习材料有丰富、生动具体的感知并达到深刻、全面认识事物的目的。其次，师生要恰当地处理好听课与做课堂笔记的辩证关系。学生在听课时做好课堂笔记，可以加深对知识的理解，提高听课的效果。听好课是做好笔记的基础和前提。教师应该指导学生做笔记学会抓"重、难、详、略"，对重点、难点和没有听懂的问题，做详细记录，以便课后进一步学习和钻研。最后，学生要保持良好的课堂纪律、充沛的精力。学生在课前不应做激烈运动，要提前做好课堂准备，保持安静、严肃的课堂气氛；在课堂上要保持灵敏的思维、高昂的情绪，思维活动要和教师讲授同步进行，注意张弛相济，提高思维效能。

（3）复习管理

复习是重新识记、学习记忆过的材料，使之巩固并达到记住的目的的过程。其生理机制是，通过对暂时神经联系的不断强化，使它的痕迹得到进一步的巩固和保持。从认识论的角度来看，人对客观事物的正确认识，通常需要经过多次反复才能逐渐完成。人们所学的知识和技能，只有通过不断的复习才能得到巩固和熟练。对学生的复习进行有效的控制和指导，首先，必须使学生恰当地掌握复习时机，做到及时复习。根据记忆遗忘规律，记忆的持久度与两次复习之间的间隔长短有关，一般是先快后慢。因此，应该加强学生的及时复习。其次，要做到经常复习。根据学生学习的需要、知识的难易度及掌握程度，可以采取"分散复习""集中复习""整体复习"和"部分复习"等多种形式，指导学生经常复习教学内容。最后，教师通过课堂讲授，引导学生温故知新，运用已经学过的知识去思考和理解新的概念和知识，同时进一步复习和巩固旧有知识。

（4）讨论管理

讨论是教学过程中学生在教师的指导下围绕某一中心问题交流思想、互相启发、认识和解决问题的一种方法。通过讨论，可以发挥集体的智慧，开阔思路，互相学习，取长补短；锻炼学生的思维能力和表达能力，活跃思想，激发学生的学习兴趣和动力；促进学生对所学知识的巩固、消化、理解、提取及其运用；培养学生勤于思考、虚心好学的风气和习惯，帮助学生树立坚持真理、修正错误的精神、意识。讨论是学生深入掌握专业知识的重要环节。为了使讨论深入、生动活泼、富有成效，防止流于形式，必须加强对讨论的控制和指导：首先，在讨论前，应明确讨论题目和方法，指导学生编好发言提纲，有针对性地搜集资料和调查研究，为讨论做好充分准备；其次，在讨论中要确定中心发言人，围绕中心议题开展讨论，鼓励学习较差和不善辞令的学生多发言；最后，引导学生联系实际，持之有据，言之成理，以理服人。教师应要求学生对讨论做总结和归纳，简要概括讨论的中心内容和主要观点、焦点以及有待继续探讨的问题。

（5）毕业论文（设计）与社会实践管理

学生毕业论文（设计）是在教师指导下的学习过程和活动，其目的是为了检验、提高学生发现、分析、解决理论问题的综合能力，巩固学习成果。毕业论文（设计）的撰写是一项复杂的脑力劳动，对学生的知识储备和能力要求较高。因此，除了将论文写作的时间放在学生学习期末，并保证足够的时间以外，还必须指定教师做专门指导，包括选题、研究方法、论文资料的收集以及研究内容的指导等。教师对学生毕业论文的指导，应该着重其研究方法和初步研究能力的培养，充分发挥学生的主观能动性和创造性，使毕业论文（设计）成为学生学习和工作的一个新起点。另外，社会实践活动既是学生思想政治教育的一个有效手段，也是学生学习活动的一个重要环节和方法。对学生社会实践活动的管理主要着重于组织和引导学生运用所学专业知识解决社会实践问题，为广大人民群众解决生产和生活问题。对此类活动，管理部门主要任务是加强指导，大力支持，保持社会实践活动与课堂学习等其他教育活动协调进行。

2.学生的生活管理

高校学生的生活管理，主要是对学生的学习、课堂之外的物质与精神生活的管理，包括学生的宿舍与食堂管理、学生课外活动的管理等。

（1）高校学生宿舍与食堂管理

学生宿舍是学生休息、生活的场所，也是学习的场所。学生在宿舍里相互交谈，信息量大，内容丰富，相互影响。因此，学生宿舍的管理对学生身心发展、思想情操的陶冶、学业的进步等起着十分重要的作用，应予以足够的重视。

高校要设置专门机构，如宿舍管理科（室）、学生公寓管理中心，安排专人统一管理全校学生宿舍的设施、物品、安全保卫、清扫卫生和环境美化等，领导和监督宿舍管理员（传达员）和清扫员的工作。对高校学生宿舍的管理可采取物业管理和勤工俭学相结合，专职人员和学生相结合共同管理。组织学生参与学生宿舍、学生公寓的管理，既锻炼了学生的自我管理能力和劳动意识，又为部分学生尤其是贫困生解决了学习的后顾之忧，促进学生学习质量的提高。学生宿舍管理的中心内容是卫生和纪律秩序，具体包括宿舍的卫生整洁情况、遵守校纪情况、团结友爱情况、学习风气情况等。这些既是高校"文明学生宿舍"的重要衡量标准，也是学生宿舍管理工作持续的根本目标。

学生食堂是学生集中进餐的场所，对学生食堂的管理是高校学生生活管理的首要内容。组织学生参与伙食的民主管理，是办好学生食堂的重要措施和有效手段。设立学生伙食管理委员会并吸收学生参与其中，是对学生伙食实行民主管理的有效形式和途径。没有学生的参与，学生食堂管理的效益、饮食的质量、服务的水平都难以达到为学生服务的最佳状态。

（2）高校学生课外活动的管理

第一，学生课外活动的行政管理。高校学生课外活动的行政管理的主要任务是为学生课外活动提供优质服务，进行业务指导和宏观调控、协调关系。具体而言，就是开辟活动场所（如文化活动中心、体育运动场馆等）、提供勤工助学岗位，这些是学生开展课外活动的基础条件；加强课外活动中对学生成才的指导，引导学生开展丰富健康、有益身心的群体活动；对课外活动的时间、场所、内容、经费等严格把关，宏观调控；协调学校各部门在学生课外活动中的关系，把学生课外活动纳入学校工作计划之中，使学生课外活动落到实处。

第二，学生群众团体、社会团体的自我管理。学生群众团体、社团组织的自我管理是学生课外活动管理的重要内容。发挥学生群团、社团组织的自我管理功用，是做好学生群体活动的基础。实现高校学生群团、社团组织的自我管理，必须做到：首先，加强校园文化建设，将课堂内外的活动有机结合起来，将教书育人、服务育人、管理育人统一起来，使学生群体组织持久、持续地长远规划；课外活动的时间要充分考虑教学的特点，尽量避开学生学习的紧张时期，开展学生喜闻乐见的活动。其次，加强学生群体组织骨干的选拔、培养工作，使学生群体组织的活动在德才兼备的骨干成员的管理下有声有色，富有成效，并沿着正确的方向不断发展壮大。最后，寓教于乐，寓教育于活动中，使组织者和参加者都在活动中受到潜移默化的教育，充分实现和发挥学生社团等组织的功用。

（二）学生管理工作的信息化建设

在高校教育中，由于我国大力发展教育事业，学生数量不断增多，日常管理工作日益复杂，带来了较大的劳动强度。因此，在高校学生管理工作中采用信息化模式，是顺应时代发展的必然需求。

1.学生管理工作信息化建设的思路

（1）树立高校人本教学观念

教师要加强情感教育，在日常的学习、生活中加强对学生的思想引导和情感沟通。首先，要以人为本，充分尊重学生；其次，在教学过程中要注重情感交流，将情感融入教学中，达到教育的目的；再次，要充分尊重学生，以感情因素来打动学生，充分引导学生正向发展，在教育和管理中做好转化；最后，通过情感交流来引导学生的思想，要经常性对学生进行褒扬和激励，帮助学生养成高尚的道德情操。

（2）强化以学生为本的教育管理观

教育活动是根据教育理念开展的。在进行学生管理变革时，先要发扬"以学生为本"的观念，充分尊重学生的个性，鼓励全体学生参与，这是做好管理工作的基础。现代管理学中指出，人这种资源是最核心的资源，是管理工作中的第一要素。学校管理人员要将学生作为所有工作的重心，要以学生为中心开展活动，充分尊重学生、关爱学生、鼓励学生，要时刻不忘满足学生的合理需求，并引导他们开发自身的主动性、创造力和积极性。总而言之，就是要在学生管理的过程中充分了解学生需求，帮助学生提高综合素质和专业技能。管理要具有民主性和主观能动性，使学生意识到他们是管理的核心，除了被管理，还有管理的职能。要帮助学生培养对自我的管理、教育和服务。另外，高校应邀请多方共同参与协助管理。只有在多方协作的模式下才能够将高校的服务职能、管理职能、教育职能进行充分结合，形成新的管理合力。

（3）构筑学生管理信息创新平台

科学的进步非常迅速，信息化和互联网技术发展迅速。随着数字校园和网络校园的发展，高校已经成为网络用户最多的地方，学生自然是数量最多的网民。新时代下的互联网给学生带来了极大的帮助，已经成为学生日常学习中获取知识的途径，对他们的世界观、人生观、价值观产生了深远的影响，但是却加重了学生的管理工作。高校管理人员要进行计算机相关知识的培训，加强网络知识的学习，并在学习过程中掌握新的方法开展学生管理工作。在管理中，提高自身的信息化技能、科学化技能，这样的管理方式才能受到学生的喜爱。

（4）健全学生管理机构的创新运行

学生的管理团队在高校管理工作中发挥着重要作用，他们是主要的执行人员。管理机构作为整个管理体系的坚强后盾，通过发展学生管理团队、健全学生管理机构促进高校管理资源的合理分配，为学生管理机制创新贡献力量。学校应该从辅导员的优势出发来构建和整合学生管理团队，打造更高水平的管理平台，根除学生的应付思想。在奖惩制度上也要进行加强，激励管理团队的斗志，培养岗位责任感。高校的党委学生工作处是学生管理的指导机构，他们主要负责学生工作的安排和执行；作为执行单位，要充分发扬管理的公平性，要更加细致地管理学生，并完善相关的线上线下管理办法。通过这种多方的机制革新，明确管理的目标和职责，并将管理人员中的辅导员、班主任、学生团队进行有机结合，及时沟通，进行有关工作的汇报、反馈和相关问题的探讨，这样能够更加细致地开展管理工作，达到更好的管理效果。

（5）建立多维主体的学生管理体系

通过相关的规章制度、行为准则和管理办法对学生进行思想和行为的教育，并培养学生的思维能力、学习能力等，就是高校学生管理。学生的思想和行为是受到多方面影响共同作用的结果，因此在对高校学生开展管理工作时要进行多方面的管理。在这个过程中，学生是主体，公寓管理是学生管理的重要环节，家庭管理是重要的辅助手段。

2.学生管理工作信息化建设的方法

（1）思想理念方面建设

高校学生管理工作创新的基础和前提是理念创新。理念是高度凝结的集体式智慧，核心是自主创新能力，既强调外在显性理念，还强调潜在的隐性理念。高校学生管理工作的创新，要让学生管理工作人员都能够与时俱进，及时更新个人理念，形成创新高校学生管理事务、提升管理工作效率的新理念。

（2）业务流程方面建设

高校的核心重点是为国家培养和输送人才，高校的学生事务是高校的重点业务。新生入学时，从报到注册、学籍资料整理、就业指导、实习支持到心理疏导等工作需要各个部门协同处理。就新生报到流程而言，学校管理部门、学院、学生处、资产处、财务处、保卫处、网络部门等都需要加入迎新工作中。这些部门如果实现了联合办公，新生报到的手续将会顺利很多。现阶段，高校学生管理事务的效果直接反映了高校的办学和管理水平，随着高校信息化的建设，学生事务需求越来越多样性，因此要对高校学生事务的流程进行简化和创新，以满足学生的特殊需求和时代要求，学生和管理人员工作的匹配度是重点内容。高校信息化的发展需要教学部门、财务部门、安保部门全力合作，以此创新管理办法，从中人们看出高校学生事务管理的信息化本质上是对流程的规范。想要实现高校学生事务管理的变革和创新，就要找到管理工作中的缺陷所在，要始终将优化学生管理流程作为重点，突破传统的职能导向管理办法，将传统管理的优良传统和现代的管理办法进行整合、消减等，达到管理的最高效率和流程简化。

（3）组织结构方面建设

在信息化逐渐普及的背景之下，高校学生管理组织的创新结构能够为其发展提供强有力的支持。管理的信息化并非指在目前基础上加入计算机、多媒体设备或相关的软件，而是应当基于现代高校管理理念不断地优化调整高校学生管理各种资源以及环节，进行科学的定位，对信息流程进行合理化设计，从而确保在网络环境当中各种资源传输的及时准确性，能够为各项管理工作提供坚实的基础。所以，高校想要进一步实现学生管理信息化，应当在组织结构已具备的基础之上进行进一步的设计更新。

（4）技术支持体系方面建设

第一，加大硬件方面的投入。学生管理工作信息化的硬件设备包括电脑、互联网设备等，学校要加强技术设备和设施的完善。高校学生管理信息化要符合国家的相关法规和科技指标，贯彻"基础网络保障、核心计算功能、应用精神指导、安全性能保障"的思想，时刻关注行业动向，掌握信息化核心技术，进行创新和改革。要鼓励高校管理信息化的模式创新，加强实验和尝试，将校园网络布局为主网络，在网络技术和各种信息化系统的协助下，开拓实用性功能，将办公系统、无限资源、网络环境等进行传递和共享。高校要加强硬件设施的资金投入和技术投入，要寻求校企合作，全面加强学生管理信息化的水平。

第二，创建"智慧校园"。在高校中，数字化校园的实现将教学和管理工作推进了互联网时代，为高校学生带来了便利。近年来，世界各国在信息化技术发展的浪潮中都开始高速发展互联网和信息技术，在应用和发展方面改变了人类的生活方式，给各种职业带来了全新的变革。同时，信息化时代带动了智能时代的到来，智能技术在生活中随处可见，如智能交通系统、智能电网、智能医疗器械、智慧食品、智慧城市、智慧基础设施等将地球推进了智能化发展时代。"智慧地球"的概念也带动了智慧城市和智慧校园的发展。国内一批高校在信息化、智能化技术的带动下组建了智慧校园，为高校学生管理工作提供了新的操作模式。

第三，创新学生管理工作。学生的安全工作是高校的核心重点，平安校园的建设是高校目前的工作重点。高校现阶段要考虑的是如何在不影响学生的正常学习和生活的情况下，保障他们的安全。现阶段，物联网在高校环境中的应用与日俱增，物联网通过无线数据侦测对事物进行识别和信息收集，并按照预先设定的程序进行处理并反馈给用户。感应系统在公寓的应用作用更大，学生通过一卡通就可以随意进出公寓门禁系统，方便了学生生活。

（5）管理方式方面建设

第一，适应发展需求，创新管理方式。随着信息化的发展，高校管理模式也要发生变革，才能够符合当代学生管理的新需求，找到管理学生的新形式。高校信息化工作开展之前，要通过专业的信息化小组对项目进行专业管理、目标确认，通过结合项目管理的相关理论和实际经验全面管理项目，以期达到项目预期效果。管理需求的更新必然导致信息化项目的改变，主要是在流程和结构上进行相对应的更新，在不同的管理形式下需要不同的软硬件设备支持。所以，高校学生信息化管理的前提是要熟练掌握传统的管理模式，并找到与支持设备的匹配处。除此之外，高校管理人员要注重网络的开放性，要从传统手工的方式中转化为互联网的形式。高校学生管理人员要加强信息技术知识的学习，创新高校学生管理的形式和途径。

第二，利用信息化平台，提升精细化程度。精细化主要是在学生管理工作中要做到细致、精准，精益求精，要树立超高标准，要细致入微。要将信息化技术应用到学生管理工作中，提高整体的质量水平，并注重学生的个性发展需求，帮助学生全面发展。工作以学生为中心，注重学生个性的发展和个人的指导，全面提高教育效果。学生管理工作的精细化是一种目标，是一种态度，更是一种形式，是一种精耕细作的操作模式，是对学生的全面培养，是对信息化技术的全面应用。高校要充分利用信息化平台的优势来为教育工作提供动力，帮助学生管理工作实现精细化管理和服务。

第三，做好队伍建设，提高人员素质。在信息化时代下，为了保障高校学生管理水平、完成人才培养的任务，需要组建专业的高质量信息化管理团队。这个团队的组成人员既要有专业人士，又要有非专业人士，要涉及多领域的人员。首先，队伍除了具备基本的管理理论素质，还应该具备互联网和软件开发等技术，同时还要具有创新精神和创造力。其次，工作管理体系要与人才培养的目标相匹配，并能够及时进行调整，要明确流程顺序，分清各部门职能；要加强管理部门的决策能力，发挥管理人员的主观性和积极性。最后，要针对团队成员进行专业的培训，并创建长期的培训机制，发挥团队的特色，广泛涉猎多学科知识，以老成员带动新成员的模式进行培养。让高校管理人员不仅提高自身的互联网技术水平，还能够提高信息的优化组合管理能力，共同保障高校学生管理系统的运行。

第四，加强安全管理，完善信息化保护体系。高校学生管理要重视信息系统的安全性和保密性，这是学生管理工作中的重要内容。首先，要充分考虑各个高校的网络信息安全性，配备与之适应的软硬件设备、安全防护系统等。其次，要设定严格的等级权限。根据不同的部门和身份创建不同的职能账号和权限，避免出现交叉重叠的权限设置，要确保所有工作人员管理好账号安全。最后，要出台相关制度和规章维护信息安全。针对信息泄露等行为制定相应的惩罚制度，保障学生管理系统的安全性能。

二、信息化时代行政教育管理工作

"高校行政管理主要是高等学校为了实现学校教育工作的目标，依靠一定的机构和制度，采用一定的措施和手段，发挥管理和行政的职能，带领和引导师生员工充分利用各项资源，有效地完成学校的工作任务、实现预定目标的组织活动。"[1]高校行政管理对教学和科研活动都具有辅助性的作用，是高校正常运行与发展必不可少的部分。"行政管理作为高校管理的重要组成部分，其管理工作在信息化时代也迎来了新的挑战，如何落实行政信息化管理逐渐成为高校提高自身教育管理信息化水平的重要基础"。[2]

（一）建立健全完善的信息化教育管理平台

在当前信息化时代下，信息化管理逐渐取代传统人工管理，成为现阶段高校行政信息化管理的主要手段。为从根本上确保行政信息化管理模式应用效益的最大化发挥，加快高校行政信息化管理平台的建设，是现阶段高校行政管理信息化建设工作的重中之重。信息管理平台的建设在一定程度上不仅能确保高校行政信息化管理工作落实到位，与此同时为高校各个部门之间的沟通创建了良好平台，最终在确保沟通有效性、及时性的基础上，使教育管理系统处于具有创新活力的状态，以此在确保各项教育工作有效落实的同时，为预期管理目标的实现奠定良好基础。

---

① 王琪.高校人力资源管理与行政改革研究[M].北京：北京工业高校出版社，2018：125.
② 刘奎汝.解析大数据时代高校行政管理信息化建设[J].中外企业家，2020，（18）：40.

在高校信息化教育管理平台建设过程中，为确保平台创建效益的最大化发挥，高校行政信息化管理部门工作人员在创建过程中，需要始终秉承着"以学生为本"的建设思想，要站在高校学生们的角度上看待管理方面的问题，以此在确保各项管理工作有效落实的同时，为高校学生营造一个适合他们的学习生活氛围，最终为预期管理工作目标的实现奠定良好基础。此外，在行政信息化管理平台构建过程中，行政管理部门还需结合高校自身情况，将网络教育活动的举办变为常态化教学内容，以此为后期高校行政信息化管理工作的开展奠定良好基础。

（二）构建科学的信息化行政管理人员培训机制

高校行政信息化管理工作人员作为高校行政信息化管理的执行者，其自身专业能力和信息化意识水平的高低，在一定程度上对高校行政管理信息化建设工作的开展具有重要影响。因此，为从根本上确保管理信息化建设工作的顺利开展，构建科学完善的高校行政信息化管理人员培训机制，也是当前提高院校创新力、活力和竞争力的重要方法。在信息化时代背景下，为确保互联网与行政管理在创新和使用中的稳定性，高校需要从根本上提高人员选拔标准，在确保聘用工作人员无论是专业能力还是综合素养都满足高校行政信息化管理工作有序开展需求的基础上，还需要加强专业技术人员的日常维修和调试工作能力，由此在提高教师数据运用能力和信息化意识的同时，为预期管理目标的实现奠定良好基础。除此之外，在对信息化建设人员和管理人员培训过程中，前期高校需对建设和管理人员进行信息化系统的培训，后期在日常工作中对他们进行更为系统的培训，由此在帮助他们养成自主学习意识的同时，为高校行政管理信息化建设的顺利实施奠定良好基础。

（三）完善行政信息化管理工作的设备保障

高校在进行行政管理信息化建设过程中，管理工作设备的先进度对于行政信息化管理工作质量和效率也具有重要影响。因此，在当前高校行政信息化建设过程中，完善高校行政信息化管理工作设备也是高校行政管理信息化建设的重要工作内容。由于高校行政管理部门工作人员受传统管理理念以及管理模式的影响，对于新事物的接受能力相对较弱，在信息化时代下虽然高校加快了信息化系统的构建，但在后期行政信息化管理过程中，仍采用较为传统的管理设备，在影响后期各项工作开展质量的同时，无法有效地确保学校机密信息安全，高校的整体发展也势必受到一定影响。

在进行高校行政管理信息化建设过程中，高校的管理者需加强对学校内部的信息化建设。与此同时，为确保管理系统在网络使用高峰期的稳定性和安全性，在行政管理信息化建设过程中，工作人员还需适时调整高校网络安全性和稳定性，在推进高校管理工作稳步进行的同时保证学校机密信息的安全。此外，为促进高校各部门之间的信息共享，在进行信息管理系统设置时，还应该充分利用数据融合技术，以此来提高学校的行政管理工作效率。

总而言之，信息化时代的来临，给高校行政信息化管理工作带来新机遇，也使其面临着巨大挑战。确保行政信息化水平稳步提升，也成为现阶段高校行政管理信息化建设作业的重中之重，是提升院校创新力、活力和竞争力的重要战略基础。为此，在当前信息化时代下，要想确保信息化建设作业落实到位，建立健全完善的高校信息化管理平台、构建科学完善的高校行政信息化管理人员培训机制以及完善高校行政信息化管理工作设备是保证学校在高速发展过程中维持行政管理稳定、推进院校整体发展的重要基础和根本前提。

三、信息化时代教师队伍管理工作

（一）教师队伍的精细化管理

大数据是在信息技术革命与人类社会活动相互作用的过程中发展起来的规模巨大、种类繁多、增长速度快且潜藏巨大价值的复杂数据，不仅能够预测社会各领域的发展态势，还能够实现各行各业组织管理效益的最大化。大数据的发展离不开教育的作用，教育水平的提升更离不开大数据的有效利用，作为集"人才培养、科学研究、社会服务、文化传承创新"于一体的高校将在大数据的浪潮中以参与者、促进者与推动者的身份，共同推进大数据在我国的研究与应用。高校教师是大数据背景下"智慧教育"实施的实践主体，如何对高校师资队伍进行科学管理，实现教师队伍建设的效益最大化，提升我国高校教育教学水平，是当前教育大数据背景下亟待探究与解决的问题。

高校的荣誉不在于它的校舍和人数，而在于一代又一代教师的质量。一个学校如果想要有发展，教师一定要出色。建设出色的师资队伍，必然需要对教师队伍进行有目的、有计划、有条理的精细化管理。将大数据应用到教育领域对高校教师队伍进行精细化管理，已是当前高校教育管理的大势所趋，但在应用过程中需要对教师数据的质量及安全进行监控与管理。教师队伍的精细化管理具体内容如下。

1.保证教师数据的质量

教育大数据与企业大数据不同，它的对象与人息息相关，其目的在于优化教师队伍，提升教育水平，数据与教学业务紧密结合，因此对数据的粒度要求更精细、更具体。教师数据质量是对其进行科学分析的前提和基础，数据采集错误会直接影响到教师数据的业务应用，影响到对教师的录用、考核与发展等方面的判断，因而要更加注重教育数据的完整性、规范性、准确性、一致性、唯一性与关联性。

高校在应用大数据技术对教师队伍进行精细化管理之前，第一，要建立真实、可靠且符合标准的教师数据库；第二，在教师数据建设的初期要对数据进行整体规划，在明确各类数据信息标准化的基础上建立业务系统之间的联系，从而保证数据的精确性；第三，在管理过程中，由于教师队伍的管理具有一定的灵活性，要充分考虑到数据系统的可扩展、可配置空间，从而规范系统运行过程中对教师管理业务的定制化开发；第四，在软件设计的过程中，要考虑到后期数据的维护与更新，要对数据录入、各系统间数据传递环节中的数据质量进行标准化检验，从而确保数据的真实性、准确性与完整性。

2.保证教师数据的安全

大数据以其海量的多元化数据及独树一帜的预测功能而被广泛应用在各行各业，但在大数据应用过程中，隐私问题越来越受到社会各界的关注。在信息化时代如何保障用户数据的安全是大数据治理过程中所需要关注的。因此，在当前社会背景下，第一，高校要保护教师的隐私。确保教师数据的安全需要建立大数据安全管理机构，确定管理的目标与范围，并制定在实施过程中的安全管理策略。第二，管理人员的设置坚持"权责分散、不交叉重叠"的原则。例如，系统管理员、数据库管理员、网络管理员必须各司其职，不能相互兼任，各参与人员均需通过一定方式进行考核确定，并签署保密协议。第三，对系统的日常运行进行安全管理。例如，建立用户和分配权限，明确各用户权限、责任人员及授权记录，坚持"责任到人"的原则，规范系统操作流程。第四，在数据处理过程中，特别是在对重要数据的传输与存储时，一定要采用加密技术，并对重要数据进行备份，以确保数据的安全性。第五，要建立风险防范机制，建立切实可行的应急处理模式，以应对各类信息化安全事件的发生。

（二）教师的教育管理能力培养

1.课堂管理能力培养

课堂管理是教师为了保证课堂教学的顺利进行，协调、控制课堂中各种教学因素及其关系，如人与事、时间与空间等，使之形成一个有序的整体，促进学生积极参与教学活动，从而实现预定教学目标的过程。课堂管理是课堂教学过程的重要组成部分，是开展教学活动、完成教学任务、实现教学目标的保证。课堂管理和课堂纪律的意义不能等同，课堂管理比课堂纪律意义更广泛一些。课堂管理是管理学生课堂学习的教师行为和活动；而课堂纪律则是学生行为适当的标准，这些标准蕴含在课堂活动中，表现为指向性的任务。换言之，教师采取某些方法和措施来处理学生的行为问题以减少它的存在。

课堂管理包括课堂人际关系管理、课堂环境管理、课堂纪律管理等方面。课堂人际关系的管理是对课堂中的师生关系、同伴关系的管理，包括建立良好的师生关系、确立群体规范、营造和谐的同伴关系等；课堂环境管理是对课堂中的教学环境的管理，包括物理环境的安排、社会心理环境的营造等；课堂纪律管理是课堂行为规范、准则的制订与实施。应对学生的问题行为等活动，具体内容如下。

（1）课堂人际关系管理

人际关系是人与人之间在相互交往过程中所形成的比较稳定的心理关系或心理距离，它的形成与变化取决于交往双方满足需要的程度。积极的课堂以师生之间、学生之间五项原则的人际关系为前提。课堂管理的一项重要任务就是促进师生之间、学生之间形成良好的人际关系，为有效教学创造社会性条件。

第一，师生关系。师生关系是教师和学生在教育、教学过程中结成的相互关系，包括彼此所处的地位、作用和相互对待的态度等。师生关系既受教育活动规律的制约，又是一定历史阶段社会关系的反映。师生关系中最基本的表现形式是教育关系，这也是师生关系的核心。除了正式的教育关系，师生之间还有因情感的交流而形成的心理关系。与此同时，教育作为一种特殊的社会活动，折射着社会的一般伦理规范，反映着教育活动独特的伦理矛盾。因此，师生关系也表现为一种鲜明的伦理关系。师生之间的伦理关系是在教育教学活动中，教师与学生构成一个特殊的道德共同体，各自承担一定的伦理责任，履行一定的伦理义务。良好师生关系的建立需要师生共同努力，做到互相尊重、相互理解、密切交往、互相关怀以及真诚对话。

第二，同伴关系。同伴关系是在同学之间进行交往和相互作用的基础上建立起来的心理关系，它是除教师之外的班级成员间关系的总和，包括学生个体之间的关系、班级内的学生群体之间的关系以及学生群体与个体之间的关系。根据同学之间是相互吸引还是相互排斥，可将同伴关系分为友好型、疏远型与对立型。如果想要促进学生同伴关系，可通过培养学生的交往技能、增加课堂教学交往活动、组织课外交往实践活动以及培养学生的亲社会行为等途径实现。

第三，班级群体。班级群体是由学生按照特定的目标和规范建立起来的集体。班级群体有正式群体和非正式群体之分：①正式群体是在高校行政部门、班主任或社会团体的领导下，按一定章程组成的学生群体，通常包括班委会、团支部等，负责组织开展全班性的活动；②非正式群体是在同伴交往过程中，一些学生自由结合、自发形成的小群体，其特点是人数较少，成员的性格、爱好基本一致，经常聚集在一起活动，制约性强，可塑性大。对于非正式群体的管理，教师需要清楚了解非正式群体的性质，对积极的非正式群体给予鼓励和帮助，对消极的非正式群体给予正确的引导和干预。

（2）课堂环境管理

课堂环境可以分为"硬环境"和"软环境"两个方面，其中："硬环境"主要是课堂中的物理环境，如座位、光照、活动区域等；"软环境"主要是课堂中的社会心理环境，如课堂气氛、学习目标定向等。课堂环境管理包括：①物理环境。课堂物理环境是课堂内的温度、色彩、空间大小、座位编排方式等时空环境和物质环境。②心理环境。与物理环境相比，课堂中的社会心理环境对课堂教学的影响更大。其中，课堂气氛和课堂目标结构是最为突出的两个影响因素。

（3）课堂纪律管理

在课堂教学中，难免出现各种课堂问题行为，干扰教学活动的正常进行。有效的课堂纪律可以通过营造良好的课堂秩序、减少学生的不当行为来促进学生学习。课堂问题行为是在课堂中发生的，违反课堂规则，妨碍及干扰课堂活动的正常进行或影响教学效率的行为。课堂问题行为是教师经常遇到而又非常敏感的问题，处理不好，就会损害师生关系和破坏课堂气氛，影响教学效率。课堂问题行为可以分成人格型、行为型和情绪型三种类型。

2.知识管理能力培养

知识管理是一个动态的系统，它通过识别、获取、开发、分解、储存、传递知识来实现知识在这一系统中的流动，不断促进知识的转化和生成，从而实现知识的连续性循环的过程。知识管理的实质在于知识的创新与共享，注重利用现存的知识进行创新，创造出新的价值，让需要知识的人，很方便地利用知识。知识管理注重"做正确的事情"（结果），而不是"正确地做事情"（过程）。知识管理是以知识为中心，以人为本，强调人的价值。知识管理是通过对知识的获得、存储、应用、流通过程进行管理，提高知识本身效用的工具、手段及方法。进行知识管理的最终目的就是通过群体的协作过程创造知识、共享知识、利用知识，并将知识直接作用于提高群体效率和竞争力。"知识管理的实质便是努力创造一种有效的机制，发挥人的潜能，调动其学习的积极性和创造性，使其能力得到最快的提高，以更好地为社会创造出价值"。[①]知识管理能力培养的具体内容如下。

（1）加强教师知识管理能力的训练

早在知识管理概念产生之前，教师作为"传道、授业、解惑"者就在或多或少地运用知识管理的方法教书育人，这种知识管理的萌芽可能处于一种无意识的状态。在知晓知识管理概念之后，教师应该把无意识变为有意识，在自己的工作和学习中自觉运用知识管理的方法和策略，加强自身知识管理能力的培养，提高工作和学习的绩效。

第一，高校教师要自觉加强个人专业知识的管理。高校教师在知识获取方面一般都具有较强的能力，他们能够从纷繁复杂的信息中，获取对自己有用的知识。但从知识管理的角度而言，高校教师除了连续不断地获取新知识外，还应该经常对自己的知识进行梳理、分类和总结。教师可以利用现代信息技术，建立个人知识电子档案，将自己获取的知识进行分类管理，以便于查找和使用。此外，还要注重将自己大量的隐性知识通过思考和归纳转化为显性知识，以促进知识的生产和创造。

---

① 李燕.新时期高校教师能力培养与专业化发展探究[M].成都：四川高校出版社，2018：99.

第二，高校教师要有意识地在教学实践中提高个人的教育知识管理能力。教育知识管理过程中最重要的环节就是知识的有效传播，教师要在自己的教学实践中运用知识管理的有关方法、策略和技术，不仅注重向学生传授知识，还要注重学生知识管理能力的培养。教师可以组织学生利用现代信息技术工具建立学习档案，开展研究性、协作性、探究性学习，培养学生的知识获取、分析、解决问题、意义建构和知识创新的能力，使学生形成终身学习和知识管理的能力。通过这种教学相长的知识互动过程提高教师自身的教育知识管理能力。

第三，高校教师在教学过程中要特别注重实践性知识的反思和积累。可以通过记录自己的教学过程，对教学理论和教学实践进行相互印证，记录自己的心得和感悟，反省自己的教学方法和手段，对知识传播和转化效果进行评价和反思，对特定的教学事件进行分析，等等。这种与复杂的问题情境有意识交互的反思式记录，有利于教师总结自己的教学经验，增强自己的实践性知识的积累，提高自己的教育知识管理水平和教学质量。

（2）构建完善的教师学习共同体

知识只有通过共享，才能转变为集体的智慧，才能为知识创新提供更多可能。由于高校工作的特殊性，高校教师作为独立的个体拥有大量的知识，尤其是拥有对知识创新非常重要的隐性知识，但却很少与其他教师交流和共享自己的知识。造成这种情况的原因主要有：①高校现行教师组织管理体系主要是以等级管理为基础的直线式管理，教师只需要做领导安排和自己范围内的事情，不属于自己范围内的事情无须去管，更不用与同事进行协商、交流；②教师之间缺乏专门的交流渠道；③教师在思想上缺乏知识分享意识，不愿意与他人分享。解决这些问题的办法就是建立一个以教育知识共享为目标的教师学习共同体，教师们通过这个学习共同体开展团队学习，交流教学工作经验和方法，解决教学中遇到的问题，分享教学工作的心得体会；具有相同知识背景的教师还可以通过学习共同体将自己的知识、观点、技术、专长等与其他人进行沟通、交流和讨论，在个体差异性的思维碰撞中，引发更加深入和广泛的思考，促进知识进步和能力的发展。

团队学习是建立在个体学习基础之上的，是个体学习的集成，有助于优化教师之间的知识配置，促进知识的增长和教育教学水平的提高。教师学习共同体建立的形式是多样化的，它可以是教师自发的（如同一个系、同一个教研室教师），也可以是学校行政部门组织的（如教务处、高教研究中心等组织的），还可以利用信息技术开展全校甚至与其他高校教师之间的交流。通过连续性的以及与工作相融的协作式团队学习，调动每个教师的潜能，提升整个教师队伍的核心竞争力。

（3）创造有利于教师知识管理能力提高的条件

高校是知识更新和传播的主要阵地，教师教育知识管理能力的高低直接影响到高校乃至整个社会知识产品的数量和质量。高校的领导者，必须是一个具有较高教育知识管理能力的教育家，能够意识到教育知识管理的重要性，要积极建立有效利用知识共享和创造的管理体系，支持、促进教师学习共同体的建立；努力营造一种有利于知识传播、转化、分享和创新的和谐校园文化和环境，让广大教师感觉到知识共享的良好氛围和舆论导向；制订相关的评价和激励政策，对积极开展知识共享的教师给予适时的奖励，使教师们意识到知识共享所能带来的好处远大于自己知识占有所能获得的利益，使他们自觉加入知识共享的体系中来。此外，学校还可以通过各种形式的培训活动促进教师和学生知识管理能力的共同提高。

学校在提供政策及相关制度支持的同时，还需要为教师的知识共享建立完善的信息网络体系和知识库，这对于提高教师的教育知识管理能力同样是必不可少的。现代信息技术的发展为教师获取、分享知识提供了更多的机会和可能，是提高教师教育管理能力的重要工具和手段。高校应该利用自己的人才和技术优势，依托图书馆、网络中心、教育技术中心等校园信息管理机构，建设基于知识流的网络知识管理体系，将数字化图书馆、智能网络系统、教学知识库等有机结合、分布管理，可以利用概念图、思维导图等对知识进行分类整理，使之标准化、特征化，为全校师生提供一个方便、快捷的知识交流与共享平台，促进知识在学校中最广泛地交流，并利用知识管理、数据挖掘等技术将教师的隐性知识尽可能挖掘、转化，从而提高整个教师队伍和学生的知识管理能力。

总而言之，知识管理对管理者和教师而言都是新课题，在理论上和实践上都有许多问题需要研究。尽管面临着许多难题，但知识管理作为现代教师必备的能力，必须引起高校和广大教师的关注和重视。

3.情绪管理能力培养

（1）营造良好的心理环境

高校教师情绪管理能力的提升，离不开一个合理的管理与激励机制提供的制度保障，这是他们能够保持良好心境的重要条件。合理的管理与激励机制提供的制度保障包括：①高校应该建立健全教师考评制度体系，让高校教师能够处于一种合理公平的竞争环境当中，从根本上改变那种传统的考评方式，真正让心理需求更为旺盛的高校青年教师得到更多的心理满足感，并努力开拓更多的渠道让青年教师获得发展与表现的机会，这样才能够让高校教师群中的核心部分得到真正的发展，激发出他们的工作热情；②可适当增加教师的经济收入，为他们的工作与生活适当减轻负担；③学校应该通过各种手段来帮助高校教师，尤其是其中处于相对劣势的青年教师。

（2）提升教师的抗挫折能力

高校教师在工作与生活中必然会遇到各种各样的压力与烦恼，应学会调整自己的情绪，以积极乐观的态度面对人生的种种负面压力，尽可能地运用赞赏的目光来对待自己，尤其是在面对失败和困难的时候，要能够及时调整自己的心态，微笑面对生活中的一切困难与挫折，学会缓解和承受压力，让自己在挫折与困难中不断成熟与成长。高校教师应该及时调整自己的认知结构，建立积极且合理的信念，从而切实提升自己的抗挫折能力。在面对挫折的时候，高校教师要能够产生积极的情绪反应，以积极的心态面对挫折，克服各种绝对化、过分化以及糟糕至极化的不合理信念，提高自己的综合素养，以正确的世界观、人生观与价值观来转变情绪。

（3）学会纾解和调控情绪

高校教师在工作中，必然会遇到一些烦心事，进而产生一些情绪。作为教育工作者，高校教师切不可把这些负面情绪带入教学与科研当中去，而是应该及时处理这些负面情绪，学会适时调控和纾解情绪。在工作中遇到困难的时候，一旦感觉自己的情绪有可能走向消极的一面，就应该认真分析自己所处的实际状况，并找到导致负面情绪产生的原因，通过自我察觉法来对情绪实际情况进行测试，切不可盲目地压抑自己的情绪。高校教师察觉自己的情绪不佳时，可以与别人交流与沟通，纾解自己的不良情绪，还可以通过写日记来抒发自己的情绪。

第三章　教育教学模式及其质量管理

课堂教学以及质量管理都是目的性和意识性很强的活动，学校通过不同的教育教学模式，使学生掌握知识、习得技能、发展智力，形成态度和相应的品质，随后采用多样的质量管理进行监管评估，力求教学效果达到最佳状态。基于此，本章从教育教学的常见模式、教学质量评估及其治理保障以及教学质量管理思考与监控管理等方面展开论述。

第一节　教育教学的常见模式分析

一、参与式教学模式

（一）参与式教学模式实施的重要意义

20世纪80年代以来，随着学生主体性的觉醒以及主体性教育的广泛开展，"主体参与"已经成为现代课堂教学的核心。"参与式教学关注学生的个体差异和实际需要，注重学生学习的实际过程和互动关系，突出师生共学和教学相长。因此，参与式教学对于当前深化教学改革、培养创新人才具有积极的现实意义"。[①]

参与式教学模式是20世纪50年代在进行国际援助性研究过程中总结出来的一

[①] 陈时见，谢梦雪.参与式教学的形态特征与实施策略[J].西南大学学报（社会科学版），2016，42（6）：91.

套社会学培训方法，特别强调受训者的主动参与，认为只有让当地人最大限度地参与到援助项目当中，才能使援助项目取得成功。使用这种模式培训人员，可以充分调动学习者的积极性、培养学习者的创新精神。因此，20世纪90年代以来，该方法在西方的高等教育机构中逐渐普及。中国自20纪末引入该教学法，率先在健康学、医学和工商管理硕士（MBA）等专业培训及学历教学中开展，取得了很好的教学效果。

高校实施参与式教学模式，强调以学生为中心，鼓励学生高度参与教学过程。这不仅有助于增加高校教师与学生的交流与反馈，而且也增强了学生之间的交流与合作，更重要的是，能够使学生通过积极反思、大胆批判和实践运用，深刻领会、理解、掌握和运用所学知识，是增强高校课堂教学有效性的重要途径。参与式教学模式作为增强高校课堂教学有效性的课堂教学策略之一，是项综合性的活动，通过让学生参与到教学的各个环节中，有助于学生学习主体性和主动性的提高；就教师而言，参与式教学有助于教师专业素质的发展；就教学而言，参与式教学有助于提高学习效果和学习效率，增强高校课堂教学有效性。因此，要实现课堂教学的有效性，最重要的是在教学中激发学生的学习兴趣、学习热情和主动精神，注意和强调学生的参与，真正确立学生的主体地位。

（二）参与式教学模式实施的注意事项

参与式教学模式强调学生积极主动参与，以激励参与、培养能力为基本出发点，不仅可以帮助高校学生完成探索知识的心理构建，而且有助于提高高校课堂教学的有效性。

参与式教学模式是指学生"参与"教与学的过程，它包括如下四个环节：①开放式的课程内容；②提问式的讲课方式；③没有标准答案的习题；④报告/小论文形式的考试。同时，上述四个环节可以归纳为两个方面：课程内容与教授方法，而它们的核心只有一个字"问"，具体体现在三个方面：①教学与提问相结合；②对课程基本内容的提问；③习题、作业和考试。在高校参与式教学模式设计中应注意以下方面：

1.以学生为主体

根据参与式教学模式，教学的重心由"教"转向"学"，要认识到学生是参与式教学的主体，要使学生由被动的倾听者转向积极主动的探索者，教师与学生的关系因此由权威与服从的关系，转变为合作式的指导与参与的关系。这就要求教师首先要转变教育观念，相信学生的学习与创新能力；其次在参与式教学中要扮演好学习的管理者、咨询者、顾问者和知识创新者的角色，要充分做好教学活动的准备，给学生创造一个充分参与自主活动的氛围和环境；最后，在参与式教学活动中，根据每个学生的个性、能力、特长、喜好等不同，努力构建学生展现自我的机会和平台，让学生在教学活动中认识自我、评价自我和发展自我。确立学生的主体地位，并不意味着教师的主导地位就被削弱了，这只是意味着教是为学生服务，教以学生为中心，一切围着教学对象转的观念。

2.注重培养能力

按照"掌握知识、提高能力、不断创新"的教学目的和以培养能力为本的教育理念，借鉴知识管理的基本框架，为了提高高校课堂教学的有效性，参与式教学的设计应该从知识生成、知识转移、知识转化和知识创新四个层次进行。知识生成，即教师具有相应的知识储备，同时要积极备课，如对教学活动进行周密设计等；知识转移，即知识由教师向学生的流动，主要通过教师的课堂讲授，使学生掌握和理解相应的基本概念、基础理论等基础知识，在课堂讲授中，要遵循教学规律和教学原则，有条理、清晰明了地进行科学教授，使学生科学、合理地掌握相关教学内容；知识转化，主要通过案例讨论、专题调查等方式，以个人或者小组的形式完成，加深学生对知识的理解，同时培养学生的写作精神和表达能力；至于知识创新，教师强调在发现中学习，通过引导学生参加社会调研、社会实践等形式，以小组方式搜集、分析材料，从而培养学生的创新意识和提高学生的创新能力。

3.重视学生全程、全方位参与

参与式教学强调学生高度参与教学活动，通过学生主动参与课堂教学，在参与中理解、掌握基础知识，实现理论与实践对接，强化学生的创新意识和提高学生的创新能力。因此，参与式教学模式要求教师要引导学生参与教学活动，把静态知识结论转化为动态探究过程。

参与式教学的组织形式一般包括：情景参与、案例研讨、角色扮演、模拟、辩论等多种形式。案例研讨作为比较常用的方法，是通过案例的讲解，加深学生对基础知识的理解，同时掌握分析和解决问题的途径。参与式教学的具体教学组织形式要根据不同的教学目标、教学内容来选择。如果教学目标是要培养学生的技能、技巧，就可以采用模拟的形式；如果教学目标是要培养学生的归纳分析能力，就可以采用案例的形式。

不管采用何种形式，在组织参与式教学活动中，教师需要先确定讨论的主题。讨论主题确定后，可以组织学生合作学习。如给学生分组，让每个小组的学生围绕某一专题，查阅文献、综合分析和讨论。然后在教学中通过创设一个良好的、适宜课堂讨论的学习环境，培养学生参与讨论的愿望和动机，鼓励学生参与发言，让学生有机会在公众场合发表对某一事物的观点和看法，从中获得知识和学会尊重，同时可以帮助他们克服自我、树立自信、学会表达与沟通。如分组讨论是在参与式教学活动经常采用的方式，通过对学生进行适当地分组，保证了每位学生都有参与讨论的平等机会，同时也使部分性格内向的学生在小范围内有表现和锻炼的机会，形成争先恐后积极发言的气氛。需要注意的是，在讨论中要进行适时引导，使讨论不偏离方向，围绕讨论的主题进行。同时要进行归纳总结，从多方面对学生的表现行为及时进行综合点评。

总而言之，师生互动或者学生间的互动教学形式，是教学活动中人际关系的一个重要组成部分，"在参与式教学中，教师应关注学生的兴趣所在，兴趣是学生参与一切活动的关键。兴趣是学生学习知识、掌握技能最有效的途径"[1]，通过互动交流，强化了学生的主动参与意识，激发了学生自主探究的兴趣，有利于提升学生的学习热情，提高高校课堂教学的有效性。

4.综合运用多种方式对学生考评

参与式教学模式没有带标准答案的习题，以写科研报告或小论文的形式评价学生的学业，所以对于参与式教学模式的学生考评方式，考评可以包括学生的自评、互评以及教师的考评，内容包括学生的团队合作态度、课堂发言情况、平时作业完成情况等，以此评价学生的学习效果。

总而言之，参与式教学模式作为增强高校课堂教学有效性的课堂教学策略之一，能够极大地调动学生学习的主动性和积极性，不仅注重传授学生知识，而且也注重培养学生的探究和反思能力，同时也有助于提升学生的创新意识和独立思考、分析问题的能力，促进学生有效学习，从而提高高校教学质量。

---

[1] 董彩云."自主、合作、探究"的参与式教学法研究[J].甘肃教育研究，2021（4）：123.

二、自主学习教学模式

在新的时代背景下，自主学习日益受到重视，构建高校自主学习教学模式势在必行。自主学习教学模式具有理论和实践上的合理性，模式的建构包括了从自主学习的设计、自主学习的实施到自主学习的评价的一个完整体系。为了保证自主学习教学模式的实现，必须要求正确处理教与学的关系，要求获得现代教育技术的支持，并要求高校出台相关政策为其提供制度保障。

（一）自主学习教学模式的理论支撑

关于自主学习理解包括：①自主学习是一种教育目标。自主学习作为教育目标指向的是形成自主的个体，即在道德、情感和智力上的自立品格。所以，自主更多的是一种自我行为。②自主学习是一种教育方法。教师在教育教学中让学生对自己的学习负更大的责任，学生有更多的机会参与教学内容的选择和学习的组织工作，从而指导学生不断走向自立。③自主学习是各种具体学习的有机组成部分。换言之，不同内容的学习，具有不同形式的自主。重要的是养成学生的好奇心和探索的习惯。自主学习不仅有利于学生提高学习成绩，而且是个体终身学习和毕生发展的基础。

第一，自主学习教学模式实现了对上述三种关于自主学习理解的整合。自主学习教学模式的教学目标之一便是培养学生的自立品格，使学生在教学中有更多的参与机会，并且可以根据学习内容和个人学习风格的不同选择适合自己的学习方法。

第二，从教育理论和实践的结合来看，教学模式是教育理论在教学实践中的具体应用，它是架设在教育理论和实践之间的一座桥梁，具有很强的操作性，易于被高校师生广泛接受和应用。

第三，自主学习教学模式可以在一定程度上保障和提升教学质量。自主学习教学模式要求学生以个人或小组合作的形式进行开放式探究学习，既能发挥集体的影响，又注重个人独立的探究，实现在班级教学基础上的教学组织形式的多样化，可以为每个学生提供适合于其特点的教学组织形式。

第四，适应了学生心理发展的特征。当代学生自主意识发展水平较高，且日渐成熟。他们对自己充满信心，具有较强的上进心，喜欢独立思考问题，表明个人观点，这些心理特点为学生进行自主学习提供了可能。

第五，高校课程的设置为学生的自主学习提供了良好的时机。高校课程为学生留有较多的自学时间，使学生无论是在课堂还是在课外开展自主学习，都有充分的时间保障。

（二）自主学习教学模式的相关要素

第一，自主学习的设计。自主学习的设计包括：①教师认真分析学生的不同学习需要，深入了解学生的个体差异，尤其是知识结构、学习动机和学习习惯的差异，从而发现他们学习的先决条件及支持性条件，现有的学习资源、约束条件及解决的可能性。②教师根据学习需要和学生的特点，提出具体、合理、可行的学习目标，并且科学地选用现代教育技术，创设适宜的学习环境。围绕学习目标，精心选择和组织学习内容，并根据学科知识的逻辑顺序和学生的心理顺序决定学习内容的先后顺序，便于学生自学。③根据反馈信息调控教学设计的各个环节，以确保教与学获得成功。

第二，自主学习的实施。自主学习的实施包括：①自主学习的组织。首先，教师应告知学生学习的目标任务、程序安排、达标评价的形式与标准等，使他们在学习一开始就建立起应有的期望，产生主动学习的要求；其次，教师还应针对学生不同的能力水平，布置不同的学习任务，让学生根据自己的情况做出选择；最后，教师指导学生根据自己的学习特点选择行之有效的学习策略。②开放式探究。首先，分组教学。教师创设各种问题情境，通过建立自由度很大的学习小组，让学生畅所欲言，各抒己见，共同学习。教师确保每个学生积极参与，充分尊重学生的独到见解，鼓励他们的互相争辩和求异求新的思考。其次，尝试练习。教师通过提供典型性、综合性的练习，让学生多向求解，举一反三，使学习走向深入。再次，点拨感悟。教师对学生在学习过程中取得的每一点成绩都要给予鼓励，不断强化他们自主学习的内驱力。对学生出现的错误，教师因势利导加以澄清，并引导学生重新尝试。最后，监控学习过程。教师帮助学生进行自我监控，判断自己的学习心理和行为是否偏离学习目标，及时调控自己的学习行为，使学习目标尽早实现。

第三，自主学习的建构。自主学习是一种学生主动的建构性的学习过程，教师是学生自主建构的帮助者、促进者。在自主学习过程中，首先，教师应尽可能地让学生自主解读学习内容，使他们获得独特的学习感受和体验，努力创设一个促进学生自主建构的学习环境。其次，教师有意识地引导学生学会发现问题，正确恰当地运用探索、研究的方法去分析和解决问题。教师的创造性作风，对学生树立创新意识，产生创新萌芽起着十分重要的积极影响。最后，引导学生在把握新旧知识联系的基础上，进行小结，并将学习内容制成卡片、知识结构图、提纲等，提炼主题、概括要旨，使所学知识系统化，作为一个有机的知识体吸纳到学生已有的认知结构中。

第四，自主学习的评价。自主学习的评价包括：首先，自我评价和同辈评价。这种评价的效果主要体现在：①增强学习者对学习过程的领会与理解；②增强学习者对所学内容的深入理解；③增强学习者与同辈间的联系，并从同辈那里获得反馈信息。其次，联合评价。联合评价是由传统的教师单向性权威评价向自主性评价的一个过渡。这种评价的标准要由学习者和教师共同制定，具体地又分为两种模式：①弱模式。评价标准已定，并向教师公布，执行时不得随意改动。这要求教师应告知学生评价标准，与学生协商评价方法，引导学生自我评价，应用标准来评价学生，并与学生协商终结性评价。②强模式。强模式没有既定的评价标准，评价哪些、如何评价都由教师来决定。自主学习的评价，是重视形成性的评价。它通过让学生参与评价过程，发挥同辈评价与教师评价的优势。

（三）自主学习教学模式的实现条件

1.恰当处理学以及教的关系

（1）建立新型的师生关系

民主、平等、合作的师生关系，是学生以主体身份积极、主动地参与教学，真正成为课堂学习主人的根本保证。

（2）培养学生自主学习的能力与素质

内在学习动机、必要的认知和元认知策略以及主动选择和运用学习资源的技能等，是学生实现自主学习的基础。

（3）由在教师指导下的自主学习逐渐过渡到学生自我管理的自主学习

现在的在校学生大多数都处于应试教育的模式，为使他们尽快转变为自主学习，教师可以在教学中逐渐增加学生自己对学习责任的承担，唤醒他们自主学习的内驱力，逐步提高他们对自主学习的需求，最终实现学生的自我管理。

2.提供现代教育技术的支持

（1）多媒体技术

幻灯、投影、录像、电脑等的使用提高了教学信息传递的质和量，有利于提高学生自主学习的效率。

（2）校园网

首先，校园网是高校丰富的学习资源库；其次，使用校园网查阅和利用自己需要的各种信息是学生应具备的自主学习能力之一；最后，网络学习课堂构建了师生、学生之间交流的新平台，构成了开放的学习空间，沟通了课堂内外的自主学习。

（3）自主学习软件

学习系统不仅提供了灵活多样的学习方式、生动形象的学习资源，而且可以对学生的自主学习进行有效的诊断和管理，适应了学生学习的个别差异。

3.完善现有相关政策的保障

（1）教师培训

目前，很多高校教师对于自主学习和如何指导学生进行自主学习仍比较陌生，高校应该对教师进行必要的培训，使他们具备指导自主学习的成熟而有效的技能。同时，教师也应该成为自觉的自主学习者，通过自主学习，不断提高自己的教育教学水平。

（2）高校应该制定相关政策，为自主学习教学模式的推行营造一个良好的氛围

自主学习教学模式必然要经历一个由培育到成熟的过程，需要全体教师不断实践，不断改进，也需要高校管理部门的帮助支持。所以，高校管理部门应该制定相关的激励和考核办法，鼓励教师应用自主学习教学模式，保证自主学习的质量，最终实现对自主学习管理的制度化、常规化。

第二节　教学质量评估及其治理保障

一、教学质量的评估体系

（一）教学质量评估的意义

对教学质量开展科学的评估，对于我国高等教育的发展有着积极的现实指导价值和深远意义。

第一，教学质量评估是国家教育行政部门转变职能，实施法治教育的需要。教学质量评估是加强高校管理的有效方法之一。随着我国教育的不断发展，教育体系也不断完善，教育领导部门的职责也由原来的领导各大高校逐渐转变为对高校进行宏观调控和监督。通过对教学质量的评估和调控，能够让各高等院校更加明确自身的办学理念以及未来的发展道路，让各项工作井然有序。同时，高校也要从评估中不断积累经验，改变原有教学的思维定式和不足之处，在确保自主权得到充分发挥的情况下，开办符合法律和社会要求的教学。

第二，高校教学质量评估是提高高校整体办学水平，保证、控制高校教学质量的需要。中华人民共和国教育部也在不断鼓励各高等院校能够通过教学质量评估，找出自身存在的问题和不足，通过教学改革促进教学发展，找到一条能够协调发展的有效途径，开办规模、结构和教学质量都符合社会发展的满意教育。此外，开展适当的教学质量评估，能更加端正高等院校的教学态度，牢固确立教学工作的重要地位，以发展促改革，稳步提升教学质量，在完善教学质量和监控体系的情况下，实现教学制度化、规范化。

第三，高校教学质量评估是深化改革，促进教师成长，加强高校与社会联系的需要。要确保教学质量得到提升，必须进行教育体制改革。开展教学质量评估有利于高等院校通过评估发现问题，进一步审视自身存在的不足，并进行相应修正和调整，不断深化教学体系的改革，促进教学工作的发展，能够在一定程度上发展高等院校教育，这是不断深化教育改革的动力所在。此外，通过开展教学质量评估，高校也能够更深层次地认识自身的存在价值和意义，不断提高工作的积极性。因此，教学质量评估是一种宏观调控的有效手段。在教师发展方面，教学质量评估也可以激励教师不断提升自我，成长成才，为高校培养出一大批经验丰富、素质过硬的优秀教师。

总而言之，高等教育发展必须适应社会经济、政治、文化、科学技术发展的需要，才能为教育的发展提供源源不断的动力和源泉。教学质量评估也需要相关部门搜集信息并进行及时反馈，通过反馈进一步调整自身的教学管理体系，为社会发展培养优秀人才。因此，教学质量评估也能起到保持社会和高校密切联系的作用。随着中国的国际地位不断提升，与世界各国的联系也不断深入。我国高等教学不断发展，也会促进中国教育和其他国家的教育不断发展进步，促进世界教育整体向前发展进步。

（二）教学质量评估的功能

第一，导向功能。导向功能是指教学质量评估具有引导高校教师朝着理想的教学目标不断前进的功能。通过教学质量评估所设定的一系列评估标准对教师的教学和学生的学习进行价值评判。根据评估结果，教师和学生能够发现教学过程所存在的问题，进一步做出调整和完善，明确教学发展的方向。教学质量评估的标准、内容和结果都会对教师、学生和学校起到导向的作用。高校也能够参与评估结果和意见，结合自身的实际情况和特点，进一步制定科学合理的评估体系和教学管理体系，有效促进教学质量的提升和高校的发展。

第二，调控功能。教学质量评估的调控功能是指通过评估能够进一步对教学活动起到调节和控制的作用。通过评估的结果，教师可以反思自己的教学过程，进一步对后续的教学工作做出调整和完善，不断优化教学行为。开展常态化的教学质量评估，教学质量会得到稳步的提升。

第三，鉴定功能。鉴定功能是指开展教学质量评估具有科学判断教师教学合格与否、优劣程度、水平高低等实际价值的功效和能力。学校教职工都需要参考教学质量评估的结果开展聘任、晋升、升职降级等一系列工作。在结合教学质量评估结果后，高校可以及时调整和补充教学师资队伍，为人才培养提供坚实保障。

第四，监督功能。监督功能主要是指教学质量能够对教师的教学起到一定的监督作用，督促教师不断作为、提高教学质量。教学质量评估是教育质量监控的重要手段，是提高教学质量的保障。正确有效的教学质量评估，能够让高校认清自身与其他高校之间的差距，发现教学当中存在的问题并找出合理的解决途径，这正是开展教育评估的目的所在。

（三）教学质量评估的原则

质量评估的过程涉及诸多方面内容，其是一个复杂、烦琐的系统过程，需要遵守以下原则：

第一，发展性原则。开展教学质量评估的目的并不是为了证明教学的价值，而是要能够评估促进发展。教学质量评估不仅要对被评估者的过去进行考察，也要充分考虑到其现在的发展，发现现存的问题，为后续的教学工作提供参考以及努力方向。

第二，规范化原则。在开展教学质量评估时，要始终坚持以科学的现代教育理论为指导，设置的评估目标、衡量标准、开展程度和评估办法都要充分考虑到高等院校自身的教学规律和实际情况。此外，在进行评估工作时，需要对被评估的对象使用科学正确的方法和步骤对其进行合理地评估，秉承实事求是的理念，确保评估结果真实可靠。

第三，民主化原则。民主化原则是指在开展教学质量评估工作时的各个程序和步骤都要做到公开、公正、透明，考虑到评估参与者的所有意见以及建议，体现出高等院校的自主性和主体地位。只有这样才能真正实现教学质量评估的目的，促进教学工作的改善。

第四，多元化原则。教学质量评估是一个纷繁复杂的过程，需要做到科学民主。因此，在开展教学质量评估时必须要做到多元化。多元的评估主体、内容和评估方法，能够确保评估结果公平、公正、公开。

（四）教学质量评估的类型

现有的教学质量评估类型繁多，具有代表性的是：斯塔弗尔比姆模式、费用—效果模式、目标游离模式和反对者模式。斯塔弗尔比姆模式认为教学质量评估的评估过程和判断效果等内容都需要按照决定的结果来进行。费用—效果模式以莱文为代表，该模式认为在开展教学质量评估时，需要认真考虑评估的效果如何，也要充分考虑到开展评估需要的费用，力求用最少的费用取得最优的评估效果。

目标游离模式的主要代表人物是美国教学学家斯克里文，该模式指出在评估过程中会出现许多突发情况，因此不需要设定具体的评估目标，而是要根据具体的情况及时调整评估目标。反对者模式的典型代表人物是美国学者沃尔夫，其评估价值是由评估的结果体现出来的，被评估的对象可能根据自身的特点呈现出不同的教学效果。我国现有的教学评估体系充分结合了先进的评估理论，形成了符合我国教育特点的教学评估结构，现有评估主要有以下类别：

1.学校自评类型

学校自评主要是指高等院校自行组织的教学评估，也叫自我评估，如高等院校按照教育部下发的文件要求对自身教学工作开展的教学质量评估。

（1）学校自评的意义

学校自评对提升教学质量有着深远的意义。首先，自评主要针对高校内部，符合高校的实际情况，有很强的针对性，方式新颖灵活，搜集信息全面准确，结果真实可靠，评估对象也能够按照自身情况，及时将评估所需标准提供给评估者，前提是被评估者需要实事求是，诚实守信。学校自评能够激励被评对象不断自省反思，主动发现问题和解决问题，能有效促进高校发展。其次，在教学质量评估工作开展的过程中，被评对象如果认为自身实际情况距离评估标准较远，可以及时申请暂缓或退出此次评估，能够避免不必要的人力物力浪费，有效提高评估工作的效率。最后，学校自评的结果可以为高校日后的工作开展提供重要的参考依据，为其他组织开展教学评估提供基础和经验。

随着我国高等教育体制改革的不断深入，开展高等学校内部的自我评估具有重要的现实意义，在新形势下，在不断深化高等教育体制改革的背景下，开展科学的学校自评对于提高教学质量和教育发展有着深远影响。在这种新形势下，学校自评是高等学校的自我管理、自我约束、自我监督、自我发展的有效途径，又可以让高等院校不断完善自身教学体系，自觉接受社会监督，是为国家培养优秀人才的有效途径。高等院校要不断密切与社会用人单位之间的联系，时刻掌握社会人才需求动态，及时搜集毕业生就业信息，并将其作为学校自评的重要参考标准，不断提升教学评估的成效。

（2）学校自评的方法

就高校教学质量的提高而言，高校自身是内因，外部质量评估是外因。教学质量受到诸多因素的影响，如果只凭借从表面上的监督和把控，教学质量难以得到实质上的提升。因此，需要全校的师生和职工共同努力，不断完善自身的评估体系，把其作为提升教学质量和完善教学体系的重要手段。学校自评的方法内容具体如下：

第一，高校要强化主体意识，加强内部质量控制。在高等教育越来越普及的环境下，随着高等教育体制的不断改革，高等院校的地位也应该受到重视，在教学质量评估的过程中所起的作用也越来越突出。当前，政府鼓励各大高等院校结合自身情况开办符合社会发展的教育。高校也应该牢固树立全面发展的理念，在扩大办学规模的同时，确保教学质量处于教育改革发展的首要位置。在完善自身的教育机制时，高等院校要充分参考发达国家的可靠经验，不断建立健全自身的教育质量体系；在根据自身情况制订教学规划时，也要制订相应的教学质量方针、政策和标准，不断完善教学质量的监督、决策、指挥、管理、反馈和教学评价系统，加强对教学过程的评估与监控，形成内部质量保证体系。

第二，做好校内自评工作。要分立健全高等院校的自评体系。在高等教育逐渐普及的环境下，高校开展有效的自评工作是教学质量动态管理的进步，能够保障教学质量的全面提高。高校内部的评估主要有两种：一种是为迎接外部评估而进行的内部评估活动；另一种是高校为改进和提高教育教学质量而自主开展的评估活动。有专家称这种评估为校本评估。

2.专家评估类型

专家评估是指教育相关部门选派的专家组成指导组对某校的教学质量进行的评估，也称为政府评估，它是政府教育行政部门依据国家规定的高校人才培养目标，对高校开展的教学工作进行全方位考察的评估模式。开展教学质量评估主要是为了让高等院校在政府的有力监督和管理下更好地发挥自身办学水平，不断提升教学质量和人才培养质量。因此，专家评估是一种由政府直接领导和实施的评估模式。专家评估的相关内容、步骤和方法等都需要教育部门按照国家相关要求和规定进行制订，非常注重对高等院校的宏观评估，过程全面、严格。教育部门可以进一步以专家评估的结果作为依据对高等院校的教学工作进行有针对性的指导和调控。教育部门对高等院校实施评估，是国家监督高等院校教学的有力手段之一。教学部门应该不断建立健全评估制度和体系，确立各单位的基本职责和评估方法、步骤，让高等院校的评估工作有组织、有计划地进行。

选优评估是指在各大高等院校中开展的选拔评比活动。选优评估的主要内容是：在教学质量评估的基础上，选出相对优秀的高校进行进一步竞争，根据评估的结果确定获奖名单并及时公布结果，给予表扬奖励，有国家级和省级两种。在高等院校内部也可以开展相关评估，即学校自行组织的评估模式。此类评估能够有效提高学校管理的效率，为各级部门对高校开展外部评估打下坚实的基础，不断提高教学质量，以适应社会发展的需要和对人才的需求。

在不断深化教育体制改革的情况下，许多高校为了有更好的发展选择与其他高校合并，也有诸多单一型院校不断向综合化的趋势发展，在原有的合格评估、优秀评估、随机性评估、本科教学工作水平评估方案的情况下，继承评估方案的特点，将评估等级分为优秀、良好、合格、不合格，不按照科类区分评估方案并开展评估工作。信息化教学质量评估是一种专业性很强的技术活动，其关键是参与评估过程的专家。评估专家队伍的建设可以从以下方面探讨：

（1）重视遴选

评估的专家库应该尽可能面向国内外选择，包括高水平的学科人才以及评估专家等。其成员可以是教育系统内部的从业人员，也可以是其他领域的专家、商人以及其他行业的优秀代表，具有相对丰富的评估理论和知识。此外，还要确保专家库的流动性，适时地进行专家的更换，以确保不同类型的评估都能在专家库中找到对应的评估专家。

（2）重视培训

专家的培训工作极具专业性。要定时、定期对专家库成员进行培训，及时了解和掌握新的教育方针、理论、政策和技术。

（3）重视交流

专家库应该重视专家之间的交流工作，组织形式多样、内容丰富的交流活动，学习先进经验和技术，不断提升专家的综合素质和水平。可以根据被评对象的等级，聘请一定数量的外籍评估专家，以国际的视野对高等院校展开科学评估，确保教学评估工作科学合理，与国际接轨。

3.社会评估类型

社会评估主要指通过社会成立的中介组织实施的高等院校教育质量的评估模

式。社会评估主要是从社会的角度对高等院校的教学工作进行评估，更多地考虑社会发展的需要，全方位、多角度地考察高等院校的教育工作，及时将评估结果反馈给高校，为高校进一步调整和完善教学体系提供真实可靠的信息，不断促进高校教育的发展进步。社会评估能够客观、直接地反映高等院校的办学水平和教学质量。社会评估主要是从外部对高等院校进行评估，其评估者主要由社会相关领域人员组成，包括大量的各界人才和专家，由他们共同做出评判。社会评估的结果能够很好地指导高等院校进行后续的教学工作。通过有目的、有组织、有计划地对高等院校开展社会评估，可能在一定程度上激励高校不断完善自身的教学质量提升。

高等院校与社会各领域之间尚未密切联系，社会对高等院校各方面的了解也不够深入彻底，因此开展的社会评估工作缺乏一定的准确性，评估结果也难以保证其可信度。但社会评估的积极作用也可见一斑，它能够密切社会和高等院校之间的合作和联系，激励社会各界积极参与高等院校的教育发展，共同促进高等院校教育进步。

二、教学质量的治理保障

（一）学术性机构与专业团体参与保障

引进和使用市场机制，利用学校、政府、社会的需求导向，填补行业发展的空白和消除弊端影响，发展出学术性教学质量保障机构的新高度，形成具有针对性的特色评估体系，完善评估指标和评估发展方向，为高校发展提供更优质的数据基础和指导条件，形成评估教育新态势。教学质量的治理保障需要学术性机构与专业团体做到以下方面：

1.主动参与质量审核活动

我国教育在发展过程中不断与国际接轨并借鉴国际先进教育模式，发展自己的教育方式，要发挥新公共管理的作用，对于教学质量评估指标和制度有新的计划——审核评估制度。这种新的评估制度能够发展完全得益于国际文化竞争力的发展。知识经济的不断发展需要更多专业人才和强大教育体系支撑，就必须形成配套的评估机制，而审核评估对高校自主权的肯定和发展有着重要激励作用，人员调配方面选择面更广阔，评估结果更加具有公信力。促进了高校管理人员素质和专业人员素质提升，并发挥出其组织管理和评价作用，为知识经济健康发展提供了有力保证，是高校发展方向的重要依托。

新的评估机制的发展是社会和教育发展的必然选择，审核是多角度发展，对根本制度形成重要指导意见和发展要求，而不是针对某一环节的发展和问题提出指导意见和评价结果，是对评估的宏观管理和调控，形成宏观价值。因其更加全面和宏观促使其对内对外都有了一定审核标准。内部审核标准是对教育质量和政策等实施的具体考察和审核，依据相对应的审核指标进行评估总结形成最终的评估结果。外部审核主要是通过高等院校之间的合作和交流，形成综合性评价。高校评价由内外部共同形成，最终审核结果也是根据内外部指标做出并传回给学校。内因和外因的结合发展促使高等院校在实践发展中能够认识到自身发展不足，并在审核模式中及时改正然后继续发展。为评估审核模式取得了发展空间，对教育前进起到了更多的推动作用。

2.指导质量保障体系建设

新时期高校教育使命已经发展为人才输出和知识价值输出，不再是单纯的知识传播和集成地，更多的是经济和社会价值以及人的价值的实现。所以高校在发展过程中和使用评估体系的过程中更加注重内因也就是微观的管理。于微观上处理好事物内在矛盾，可以为其外显化提供更多机会。微观管理不同于宏观，其对内因的挖掘和使用是能够形成机制能动性的，这种机制能动性能够吸收更多优质元素发展自己。宏观主要是大方向的调整和权利的调整，对于细致责任划分和具体环节没有明确规定，这需要内因促成基础环节的完成和发展，为自己发展提供坚实基础。如果基础不稳定那么很容易在发展中形成分支，分支管理不协调就会影响高校教育质量，质量下降，评估数据下降，其参考性和公正性就会缺失。为了高校教育和审核评估机制的健康发展，就要内外兼修，形成微观机制效益。

高校教育发展不是封闭式教育，就必然会联系和吸收外部元素。高校教育要取得市场份额，在市场中认真发展就必然要有优势，也就是高质量教育。政府从管理转为服务和监督，就要充分发挥作用。高等院校不能脱离社会和国家单独发展，那么教育政策的落实就需要政府的强制性保证和监督，但是要想获得政府倾向性帮助就必然要成为高校教育佼佼者，这样才能获得国家帮助和扶持。社会资源要想最优化就必须要发挥教育的社会属性，这样才能为自己提高社会地位和社会价值，取得社会关注。多方力量的支持能够促使教育获得更多资源和经济支持。但是，这种力量不能只依靠外部环境和国家导向，更重要的是其内部发展。教育没有内部支撑就是空架子，无法形成特色教育模式，其审核结果大众化，发展潜力评估结果就会被降低，自身发展更缓慢。为了促进其更全面发展，发挥其优势作用，就必须发挥相关利益者作用。我国高校教育各类评估认证活动，都十分重视引导和推动高校建立健全内部质量保障体系，形成了诸多各具特色的优秀实践。

联合国教科文组织国际教育规划研究所启动全球性质量保障示范项目——"高等教育内部质量保障优秀原则和创新实践"项目，旨在总结全球高校内部质量保障的优秀实践案例，以点带面，在更大范围内推广典型高校内部质量保障的先进经验。厦门大学成功入选该项目，成为中国也是东亚唯一一所入选高校。我国质量保障与评估学术性机构和专业团体，要通过各类评估活动与高等院校建立联系，不仅要为高等院校提供了解政府和社会真实需求的途径，而且要为高等院校提供各种专业化的评估咨询、指导等服务，发挥其专业性的评估理论与实践优势，为高等院校构建校内质量保障体系献计献策，协助高等院校创办特色教育，培养高质量人才，适应社会市场需求，提高办学竞争力。

（二）行业性相关机构开展专业的认证

审核结果的权威性和公正性验证方式是通过机构在行业内的声誉、认证和准确性以及专业性形成的。审核结果不是凭空出现的，是对高校教育发展中的具体相关指标数据的收集、加工、处理最终形成的报告，这份报告的重要性在于对高校的指导意义，面向政府时是政府服务的方向和监督管理的方向，为政府提供了具体的数据，政府在此基础上能够迅速做出正确决策和反应预案，针对高校教育存在的问题给予更多的支持和帮助。面向社会时，社会通过报告能够分析出其社会发展潜力和社会发展价值，吸引社会资源为其解决问题，并丰富其发展要素。高校通过报告进行自我分析，并改正自身的问题，形成特色发展，提高教育质量，能促进自身改革能动性和发展性。

1.鼓励行业性机构开展专业认证

专业认证机制缺失对行业的影响很大，这就要求发展专业认证机构的实际作用。在我国社会属性的组织结构因其分散性和不系统性导致这些机构不能发挥出社会作用。对高校教育的影响微不足道，高等院校对审核结果质疑性比较高，社会评估机构和高等院校之间的矛盾就此形成，而这种对抗性使二者处于对立面，二者之间较量促使二者发展中消耗过多优势，而对二者健康发展产生了较大阻碍。传统方式中供需关系的不协调和发展困难等都已经对高校教育形成了很多限制，而目前行业协会对教育和教育质量评估只起到了辅助作用，而非是导向作用。这种专业认证机制的缺失使得他们的话语权非常低，很难在社会上形成公信力和良好声誉。

针对发展障碍限制，可以借鉴国际教育优秀案例，引入到国内并形成发展机制。只有这样才能够发挥出行业协会的作用。行业协会对相关日常事务的处理才能更加游刃有余，对根本制度的形成和行业规范、人员规范的形成发挥出管理作用。认证机构与高等院校形成合作，促进高校教育企业化管理和发展，提高教育质量与教育能力，并在专业机构的指导下，发展出教育新潜力和新方向，为国际输出特色文化，提高汉语地位并向全世界推广，增加国际对我国文化的认可度和学习度。高校教育真正走向国际化并向发达国家输出，形成文化占领和文化深入，这样才能真正发挥人才吸引作用，为我国吸引更多高科技人才。

2.推进专业认证的国际交流与合作

因经济发展，非政府性质组织比重增加，数量群体上升，形成繁荣发展趋势，但是社会发展是优胜劣汰的机制，就意味着正规的专业的才能更好存活和发展，这就意味着我国对专业机构需要加强认证和管理。只有机构通过认证经过多方检验和审核才能在社会中生存，而社会对这些正规机构要进行帮助和扶持，资源要向他们倾斜，提供良好的市场机制和环境。促使他们反作用于我国高校教育发展，建立健全学分制度、实践制度和学位机制、调整人才定向培养方案和目标。然后逐渐壮大和完善，这样才有实力形成知识国际输出力量。这些实力较强的认证机构参与国际研讨会等行业大会，学习和交流经验知识，制度管理等分享，通过不同视角和不同程度的交流接触，反省自身发展不足和自身优势，逐渐扩大优势，形成国际知识输出，纠正自身发展不足，保持自身健康发展。

在发展中不断吸收优秀制度的优秀元素，为自己增加实力，增加谈判筹码，与国际产生合作，形成国际审核指标，并促使我国高校教育提高发展格局，减少国际化阻碍，并将弱势转化为优势，吸引其他国家的优秀人才，留住我国高科技人才，实现我国人才储备战略和引进战略，增加我国文化软实力，成为其他国家教育发展的借鉴案例。

（三）整顿社会性组织高校的排行活动

传统教育方式的评估主要是政府下达教育指标，通过年底指标报告形成政府性质的评估结果，然后反馈于高校。高校根据政府下达的具体决策内容进行教育调整，这种管理方式和传达方式单一，形成的改革内容和形式也更加单一。教育在发展中能动性不足，改革和转变不彻底性更加明显，严重阻碍了教育的目的和新人才培养方案的实施。

经济发展促使政府职能和形象转变，进一步提高公信力，所以政府采取新管理方式，对教育和评估形成开放式管理，让其在市场调节作用下，形成自主机制和需求导向机制。只有这样才能够使得教育和评估机构抓住国内国际机遇，提升发展高度。自下而上的转变和自上而下的权责分配的结合，使得实践型教育和评估制度得以发展。教育评估指标更加多样化和全面化，数据建模更加科学化和丰富化，数据库建立更加完善，数据指导性更加明确。

（四）鼎力支持相关机构在国际上扩大影响力

随着经济全球化及教育国际化时代的到来，越来越多人选择到国外求学或就业，跨境教育得到空前发展，人才流动也日益频繁。各国更加重视高校教学质量保障体系的构建和完善，通过多种途径和形式成立相关质量保障组织和机构。国际合作方面，各国也加强了高校教学质量保障与其他国家之间的交流和发展。在这种发展趋势下，许多国际性的高校教学质量保障组织也得以产生，它们都属于非政府型组织，有力地促进了各国在高校教学质量保障方面的交流，在一定程度上也推动了跨境教育的发展，其他国家和国内的相关课程学分可以转换，境外高校学历也能得到国内认可。我国的相关社会组织机构也跻身其中，并积极发挥应有的作用。

此外，我国的高校教学质量评估中心也一直在质量保障协会中发挥着重要作用。因此，我国的质量保障机构，特别是教育评估相关组织机构，要积极参与国际教育质量保障的交流，促进与各国的教育质量保障合作，并逐渐形成主导地位，带动各国的教育质量保障发展。要加强我国教学质量保障组织机构主要有以下措施：

1.借鉴国际标准完善教学质量保障机构

一个国家的高等教育部门及其评估和监督工作的质量，不仅对于该国的社会经济发展十分关键，而且是影响其高等教育国际地位的一个决定性因素。我国要积极与其他国家进行教学质量保障的交流和合作，互相学习成功经验，积极参考相关评估活动，形成独具特色的教育质量保障体系，尽可能与其他国家实现学分转换、学位认可、质量互认，争取将我国更多高校建设成为世界一流高校，提升我国高校质量，深刻认识我国教育体系的不足并加以改善。

如果要加强我国教育评估组织机构和其他国家的合作交流，有效途径是加入如国际高等教育质量保障组织（INQAAHE）和亚太教育质量保障组织（APQN）等国际性或区域性的高等教育质量的保障组织或协会当中。但这些组织都有一定的入会标准。如APQN，它属于INQAAHE中的区域性组织，是一个非政府组织的非营利机构。APQN成员分为三种：正会员、准会员和副会员。正会员即正式会员，需要满足以下全部标准：①机构性质：主要负责高等教育中的院校类别评审及专业评估。②使用目标：要加入的组织或机构有清晰明了的工作目标和使命。③人员构成：机构的人员构成与其目标使命高度匹配。④独立性：机构的相关工作开展相对独立，其结果不会受其他外界因素影响。⑤资源：该组织或机构具备充足的资源，合理安排相关工作。⑥准则及程序：在进行质量评估时，相关规则和工作程序应该透明、公开，主要包括自评、访问、报告及相关后续行为。⑦质量保障：该机构能够提供坚实的质量保障措施，并对自身开展常态化评估。

以上标准包括了性质、准则、标准、规范、程序等各个方面，深刻表现出质量保障组织或机构应该具备的公平、独立和专业。我国如有相关组织或机构期望入会，则需要以此为标准，对照自身实际情况，不断改善自身的相关问题和不足，加强自身体系建设，塑造自身的公平性、独立性和专业性，逐渐体现出国际地位。

2.主动参加国际性活动发挥主导的作用

教育质量组织作为民间机构性质的国际性、非政府、非营利组织，其主要是通过吸引广大组织机构成为其会员，开展交流合作，共同促进，从而实现互利共赢。例如，LNQAAHE，此协会的主要目标和使命包括：大范围搜集相关教育质量保障的信息，包括理论和实践等多个方面；大力推广各国的有效经验；为所有质量保障组织或机构提供充足的经验和参考；加强各个组织机构之间的联系，促进交流合作；引导各会员制订跨境教育及国际学历互认的标准和规范；促进跨境教育，协助会员进行学分转换等相关工作开展；定期对各会员进行资格审核和认定。在此目标使命的指导下，JNQAAHE的工作内容涵盖了诸多方面，不仅要积极吸纳新会员，向各会员收发相关文件报告，定期出版相关刊物资料，还要定期召开相关教育评估研讨会、培训班等活动，采取国际上的标准严格把控各会员的入会资质，促进经济发展较落后的地区的高校教学质量保障相关工作的顺利开展，给予相关地区和组织经济补贴、政策支持等，通过多种渠道促进当地教育质量保障体系的发展。

近些年来，经合组织和欧盟大力推行"高等教育学习成果评估"（AHELO）、"培育优质教学"（FQT）和"多维度全球高校排行"（U-Multi rank）等国际评估项目，分别从学生、教师和高校三个层面对高校教学质量进行全面评价。我国的高校教学质量保障机构不仅要完善自身体系，达到加入国际性组织的标准，而且要在制定各国能够互相接受认同的评估标准等活动中，积极活动和主动承担任务。通过自身的"有为"，争取在国际上"有位"；只要在国际上"有位"，才能够在国际会议桌上掌握更多的话语权利，为进一步发挥主导性作用奠定坚实基础。

我国高校种类繁多，欧盟和经合组织等国际性组织也积极吸引我国加入其中。因此，我国更要将相关活动组织好、开展好。在争取教育质量利益最大化的同时，我国要积极参与到与经合组织等交流合作中，实现合作之下灵活应对。我国相关评估机构可以在教育部门的坚强领导下，以国家评估机构的方式成为"高等教育机构管理"（IMHE）计划会员，牵头高等教育学习成就评估（AHELO）等项目实施，从宏观上加强指导、统筹协调。我国积极参加国际性组织，其目的不仅是要不断壮大自身实力，争取在国际性相关标准制订中掌握一定的话语权，而且是要在国际舞台上扩大中国高校优秀实践的宣传。

以"学习心、开放态"参与国际项目，以开放促改革，才能真正实现"为我所用，以外促内"的目的。作为高等教育大国，中国在国际舞台上的表现直接关系到我国未来发展。人们要结合自身实际情况，制订先进的制度和措施，不断提高自身能力和信心，加强与国际性组织的交流合格，"走出去"和"引起来"并重，不断提高中国在国际舞台中的地位和国际影响力。总而言之，为了在国际中取得地位和增加权重，就不仅要发展政治和经济，更要重视教育，而且要成为相关国际组织中的一员，以便于信息的国际输出和国内传递。随着多年的学习和发展，根据其相关政策和进入准则，我国已经努力达成相关条件。标准包括：机构的运作和性质、使命和目标、人员结构、独立性、资源、质量保证准则和程序、自我质量保障。其进入准则实际上就是组织机构的发展模式、特点和管理方式。

首先，教学质量评估机构要能正常运转，适应国情发展和国际发展，具有兼容性和吸收性才能运作成功；其次，要有自己的使命感和发展目标以及核心目标，这样形成行业信念才能够指导其沿着正轨持续发展；再次，是对人员的发展和使用规则，需要其具备丰富的工作经验和工作能力并具备专业性和公平心；最后，能够认真对待行业发展和评估体系发展，有自我责任意识，形成自我发展约束力。在完成准入条件以后才能通过程序进入审批流程，成功加入以后仍然要努力学习和发展自身，为组织贡献力量并持续输出我国教育软实力。

3.加强双多边合作提高教学质量保障水平

目前高校教学质量保障主要体现在四个方面：①随着国内和国外高校的学校交流不断加深，逐渐出现了针对评估结果的解读和管理问题，即教学质量评估应该采用哪个国家的标准，应该由哪个国家直接管理；②跨境教育中的学生所接受的教育能否得到国内认可，在进行评估时是否需要考虑文化背景因素的影响；③社会性评估组织逐渐呈现出往国外发展的趋势，除了对国内高校教学质量进行评估，也开始评估世界上的其他高校，特别是管理、医疗、工程等有关领域的评估机构；④由于教育不断全球化，各评估机构也必须制定一系列考核体系和检验学生能力的规则和标准，如文化知识、语言能力等。由于此类现象的出现，高校必须加强双边或多边交流合作，主要有以下形式：

（1）信息共享

不断建设国际型教学质量保障的交流平台，使各国教育信息资源共享。随着信息技术的不断发展，可以采取网络手段，对各个国家的评估标准、成功案例进行宣传公开，让其他国家能够及时便捷地掌握第一手资料，了解各国的教育评估动态和成果。通过不定期举办教育评估研讨会或交流会等形式，组织各国的教育评估人员进行深入交流，促进各国的教学质量不断发展。此外，可以将各国的成功经验和成果以刊物等形式出版，并将其翻译后提供其他国家参考，实现教学质量评估体系资源共享。

（2）人员互派

通过促进各国评估人员的互动交流，也可能有效促进教育评估国际化。政府和高等院校可以通过给评估人员提供出国访问、进修等机会，定期选派优秀评估人员到其他国家进行访问交流，同时也要积极与其他国家建立此类联系，做好他国优秀评估人员的访问和接待工作，为国家之间的交流提供良性互动。此外，也可以通过网络组织各国评估人员进行线上交流和培训等。

（3）联系评估

随着经济不断全球化，跨境教育也成为大势所趋。各国应该针对此现象成立相关的国际性教育评估组织机构，与他国一起开展教学质量评估工作。针对教学质量的评估标准、学历学位水平、评估程序及职业水平认定等方面，都需要和他国进行仔细研讨，实现质量互认。目前，我国境外求学人口激增，我国应该不断深化与境外高校的合作交流，针对各校特点，共同制订完善的教学质量保障体系。

第三节　教学质量管理思考与监控管理

高等学校的教育管理是教学管理者根据党的教育方针、高校的特点及任务，依据教学客观规律，运用一定的管理手段使教学活动实现既定目标的过程。21世纪是我国高等教育加速发展的时代，追求高等教育质量与数量的统一是我国长远的目标。

高等学校教学管理是教学管理者根据党的教育方针、高校的特点及任务，依据教学客观规律，运用一定的管理手段使教学活动实现既定目标的过程。其核心是质量管理，也就是教学管理者通过对影响教学质量的所有因素和环节实施有效的控制来保证教学质量的过程。质量是目标，而管理则是过程。如何运用有效的教学管理手段，对高校教学资源进行合理配置使用，使其产生相应的教育效益，培养出高水平、高质量、具有竞争力和挑战力的高素质人才是摆在高校教学管理者面前的一个非常迫切的重要课题。

一、教学质量管理的思考

（一）树立"质量管理"以及"管理出效益"意识

1."质量管理"意识的树立

我国高等教育的发展必须是有质量的数量发展，市场经济的发展要求企业的管理必须到位抓质量，高校的管理也必须到位抓教学质量。教育的本质属性是培养人的一种社会活动，高等教育的本质属性是培养高级人才的一种社会活动。一所高校只有办学指导思想明确，真正把培养人才作为学校的根本任务，把教学改革放在学校工作的核心位置上来，学校里才会有比较强的凝聚力，其他工作也才会有生气，学校才会越办越有起色；一所高校，要靠其一代又一代向社会输送高质量的人才并在社会各个方面建功立业、做出贡献，才能不断地提高学校的社会地位和声誉。

总而言之，质量是高校的生命之源，任何一所学校的发展都依赖于它所培养的人才质量。为此，一方面是高校的领导要树立质量管理的意识，把提高高校的教育教学质量真正放到议事日程上来，形成一整套不断深化教学改革、提高人才质量的完整思路，为创设一个良好的质量管理环境打下基础。另一方面，加强质量控制是一项非常花费时间和需要努力的工作，而且也并不一定与质量的提高成正比。影响质量的因素是多样的，就高校组织体系而言，设施、师资、管理、各部门之间的协调状态等都是影响质量管理的因素，质量的提高需要组织中每一个人，每一师生员工的质量意识和全面的人才培养观。只有在学校最高领导层的重视和亲自推动下，使质量管理的意识深入全校工作的每一个环节中，在全校范围内形成一种共识，唯其成为一种共识，才能为教学质量的持续提高提供切实的保障。

2."管理出效益"意识的树立

管理出效益不仅仅是一句企业界的口号，同样适用于培养不同规格人才的高校教学质量管理。教学质量管理是一个相对封闭的系统，它包括教师、学生、管理者、设备和资金等要素，这些要素之间必须保持着有机的联系。管理的作用就是使教学管理系统内各要素结构合理，适当放大各要素的功能，从而使整个系统正常地运转并发挥最大的效益。"1+1" > 2还是"1+1" < 2可以说取决于管理水平，例如，一所高校拥有一批优秀的教师，而内部管理却处于相对的混乱状

态，既没有正确的管理目标、措施，也没有相应的设备、条件，它最终致使一大批优秀教师流失，一部分先进设备闲置。这样的管理体系就只能取得"1+1"<2的效益。

树立"管理出效益"的意识的一个重要方面是高校必须重视教学管理干部队伍的建设工作。在教师队伍建设日益获得重视的今天，高校管理干部队伍，尤其是教学管理干部队伍建设问题始终是一个被遗忘的角落，许多学校在教师的培训、资金、职称、奖励等方面都有一整套完美的规划，而在教学管理干部的培训方面却缺乏长远的考虑。高校的教学管理干部肩负着对学校各项教学工作的领导、指挥、决策、协调、管理和服务等重要任务，是一支推动学校教学、科研的重要力量。同样的教师队伍、同样的教学设施，管理做得好与否，效果会截然不同。如目前一些高校存在着师资显性和隐性的流失现象，先进设备的破坏性使用现象，在一定程度上反映了管理者在管理思路上、管理方法上、管理手段上存在的问题。总而言之，教学管理干部队伍建设是高校办学效益的根本保证。

（二）完善教学管理制度及质量监控机制的建设

完善教学质量监控机制的基础是进行科学化的常规教学管理，用一系列常规教学管理制度保证教学质量的提高。教学管理制度的内容十分丰富，各类高校也不尽相同。教学制度的建立与完善具体内容如下：

1.岗位责任制度

现代学校的教学管理，如同企业一样必须实行严格的教学岗位责任制，即明确规定每个教学管理部门（教务处、系科室、电教中心和教学辅助机构等）、每个教学人员、教学辅助人员和教学领导管理人员的工作职责范围、任务、权限、相互协作要求，必要的时限以及质量标准与考核要求，并要求对职权内的工作完全负责。教师的岗位责任制应参照《高等学校教师职务试行条例》中对不同职务（助教、讲师、副教授、教授）教师职责的规定和《中华人民共和国教师法》对教师权利与义务的规定以及《高等学校教师工作量试行办法》等法律法规的要求精神来制定。将上述的内容整合为一的目的在于克服职责不清，任务不明的弊端，从而增强教学人员、教学管理人员的事业心和责任感，确保教学业务技术水平、工作效率和教学质量的提高。

2.过程控制制度

质量形成于过程，因此，要把教学管理的重点从传统的质量检查（考试）和事后把关，转移到对创造教学质量全过程的控制上。换言之，以预防为主的管理策略，对教师教学和学生学习的全过程中每个环节（工序）的质量标准、控制要求与管理措施都要做出明确规定，使之成为一套教学常规或一项相对独立的小制度。从教师教学方面，包括新开课和开新课的条件审批，教学计划制订、备课、上课辅导答疑、作业布置与批改、考试和教学实践指导等环节；学生学习方面，包括预习、听课、讨论、作业、应试、实验、实习等环节。对这些环节都要加强管理和控制，要扎扎实实，一环套一环地落到实处。只有把好每个环节，每项制度的质量关，才能切实有效地提高教学质量。

3.管理评估制度

改革高等教育教学管理秩序，理顺各级教学管理部门之间的关系，必须从建立教育评估机构、教育评估制度以及教学评估制度入手。具体到学校，可建立教学督检机构，由校、系领导、教育理论和教学表组成。制定并通过一个适应高校内部教学质量评价的指标体系，定期对教学岗位责任制和教学常规执行情况以及主要（重点）学科的课堂教学质量进行检查考评，以加强教学控制，改变只凭个人印象和感情评价教师与教学的现象。

教学质量检查评估应以课堂教学为重点，教学督检组要深入课堂听课、评课，及时总结教学经验。发现问题，认真帮助和指导教师改进教学。要科学设计课堂教学评估表，采用定量分析和定性分析相结合的方法进行评课。此外，还要对领导听课和教师相互听课的数量与要求作出规定。执行听课制度的情况应列入年度总结考核的内容。除了由督检组进行教学评估以外，有些学校还让学生评价教师，其方式是设计一定的项目指标和等级，让全体学生以不记名的方式给每位任课教师打分。

总而言之，教学管理制度应包括的内容还有许多，如学生的学籍管理、教学科研管理、教材管理等，它们共同构成了学校教学管理的内容。只有通过科学的制度化的管理，才能规范教学管理的各个环节，保证教学质量持续地提高。

（三）明确管理职责充分发挥职能部门主导作用

高等学校的教学管理是通过各级教学行政领导，各级教学职能部门和各类教学管理人员的教学管理活动来共同实现的。目前许多高校的教学管理职能部门都不同程度存在职责不清，或有职无权，职责相悖的现象。一些本该属于职能部门的职责范围内处理的事务，职能部门却无权或不敢处理。处于这种状态下的教学质量管理既无序又无效，只能维持教学的一般进行，做一些最低限度必要做的事情，无法正常组织教学的常规管理，严重阻碍了高校教学质量的提高。

一所高校是否真正以教学工作为中心，是否真正把教学质量管理放在首要地位，教学职能部门的工作状态是衡量其的重要指标。教务处是学校主要的教学管理职能部门，是教学管理的中枢机构，其在高校教学质量管理中的地位无疑是首要的。因此明确教务处的职责范围，进行有效的权力委任，保证它在学校教学管理中充分发挥横向沟通和协调作用，是完善教学质量管理体系的重要保证。所谓的权力，就是明确工作的职能范围，行使职能范围内的权力，即一定的决定权、处分权。所谓的职责，就是承担职能范围内的责任。权力和职责必须有机地联系在一起，是职责赋予其相应的权力，包括一定的管理自主权、利益支配权等，唯其如此才能使目标管理与过程管理有机地结合，使系统要素处于相互制约、相互促进的状态，处于一种活泼、积极的运转中。高校在教学质量管理过程中必须充分认识到教学职能管理部门的作用和它所处于的重要地位，明确教学管理职能部门的职责和权力，同时使职责与权力高度统一。只有这样，才能充分发挥教学管理职能部门的积极性和创造性，变被动管理为主动管理，从而保证教学过程的实施，监督和控制教学质量，引导教学人员开展教学研究和教学改革，努力提高教育教学质量和教学水平。

就高校教学管理者而言，首先，要真正从思想意识上提高认识，真正把教学质量问题提到议事日程上来；其次，要在工作实践中不断总结经验，积极探讨如何进一步完善高校教学质量管理体系，理顺工作思路，完善工作方法。总而言之，教学质量是百年大计，是高校求生存、求发展的关键。其任务是艰巨的，其工作是复杂的，其效益是可观的。

二、教学质量的监控管理

高校教学质量监控体系的优化是一项全过程、多层面的伟大工程。只有紧跟时代发展，树立起牢固的质量意识和责任意识，全员参与、全程监督、全面发展、狠抓落实、循序渐进，才能推动教学质量监控体系的改革创新发展。

（一）质量监控的体系

通过在实践过程中不断探索、积累经验，各大高校都已建立起符合高校教育发展特点和需要的教学质量监控体系。高校教学信息及时反馈，教育体系相对完善，保证了高等院校能够培养出更优质的综合性人才。

1.质量监控体系

根据我国目前的教育发展实际情况，可以将高校的教学质量监控体系分为三个层次：校级教学质量监控机构、学院（系）教学质量监控机构、教研室。校级教学质量的监控机构主要由校长、指导委员会和教务处三者构成，是整个教学质量监控体系中的"核心"。它对学校开展的教育工作做出整体的把控和监督，制订相应的教学质量监控方案和措施，对各教学单位的教学质量展开科学合理的评估，也能够为师生在教学过程中遇到的问题提供咨询和帮助。在这个组成结构中，教务处是教学质量监控活动的主要行为机构，对教学工作监控起到了重要作用。

学院（系）教学质量监控机构由专业指导委员会、系主任以及教学主任等人员组成，是整个教学监控过程中的主体。其在监控过程中主要是对各专业的教学计划和安排进行检查，教学环节是否合理、教学计划是否完善、教材是否符合课程内容，还包括对教学计划和教学大纲的审核。教研室在监控环节中主要开展基础性工作，如检查各教学环节的过程和教学效果，搜集相关信息并给予及时反馈总结，开展各式各样的活动等。

我国高等院校的教学质量监控体系有四个特点：①高校院校教学质量监控体系分为三个层次，因此传递教学信息所需时间较长。教学信息需要经历多个步骤传递给学生，在这些过程中，无法保证信息的准确性和时效性，也会影响教学质量监控的效果。②在各大高等院校中，并未设立专业进行教学质量监控的相关组织，只是依附于教务处下设的一个科室。教学质量并未引起高校的足够重视，各教学单位也没有牢固树立主动监督和评估教学质量的意识，只是被动地按照教务处下发的文件和通知开展相关监控工作。③多数高等院校在开展教学质量监控工作时并未将师生这两个重要角色涵盖在内。教学活动是教师和学生共同组成的，因此教学质量的监控也离不开教师和学生的参与。但实际情况是，教师和学生对于教学质量的重要作用并未充分发挥，监控效果也不明显。④高等院校的教学质量监控大都实行"主管教学校长—教务处—学院（系）主管教学主任—教研室"的管理模式，形成了一个意向、封闭的监控模式，只能对相关信息完成一次性传递。

2.质量监控制度

高等院校教学质量监控制度建设主要由常规教学制度建设、教学督导制度建设以及教学信息反馈制度建设三部分组成。

（1）常规教学制度建设

常规的教学制度包括与教学要求和教学方式等方面相关的制度，主要起到规范高等院校教学形式的作用。目前我国高等院校的常规教学制度主要集中在教师的管理和教学两个方面，并未涉及过多的评价体系和各类工作人员的职责问题。一部分高等院校虽然制订了相关完善的常规性教学制度，但并未充分发挥各部门之间的协调作用。高等院校的各职能部门主要职责是管理，各教学单位的主要职责是教学。因此，各职能部门所提出的相关意见和建议必须结合各教学单位的实际情况，而各教学单位在教学过程中遇到的困难和问题也应该参考各职能部门的意见解决。

（2）教学督导制度建设

由于教学督导工作在我国各高等院校实施开展的时间并不长，在社会快速发展的背景下，更应该不断加强教学督导的力度，这是完善高校教学质量监控体系的重要途径。为了促进高等院校的教学质量不断提升，各高等院校都根据各自实际情况构建出了相对完善、具有特色的教学监督制度体系和规则。这些规则主要是以校规的形式呈现，包括教学督导的理论指导、工作目标、工作原则、督导方式以及教学督导员的选聘、职责和考核制度等各方面内容。通过建立健全督导体系，不断规范教学工作的开展，保证教学工作的质量和成效。部分高等院校的教学督导人员主要由学校的离退休教师担任，这些老教师教学经验丰富、对工作尽职尽责。但是同时作为听课对象的年轻教师也会压力倍增。因此，在教学督导团队成员的组建上，可以吸纳更多的角色如行政人员、后勤工作人员、学生等参与进来。

（3）教学信息反馈制度建设

教学信息反馈制度对于提升高等院校的教学质量也起到举足轻重的作用。各大高等院校也对教学反馈制度给予了足够重视并不断加强和完善其制度建设。通过开展座谈会、开设反馈信箱和面对面交流等形式，高校对被评教师的教学工作开展、教学质量、教学过程等方面都有了相对全面的了解，并督促被评教师不断改进和提升，有效提高了教学质量和成效。此外，各校也充分利用现代信息化技术手段对信息进行全方位、多角度的搜集，并给予及时反馈，如时下流行的网上问卷测评等形式。但无论是采取传统常规的方式还是网络形式搜集信息，都必须要保证信息的真实性、可靠性，并对这些信息进行分析整理，及时反馈，将教学过程中存在的问题切实解决，不断提高教学质量。

（二）质量监控活动的形式

目前各高等院校开展的教学质量监控活动形式多样、内容丰富，如教学评议、课堂听课、教学检查等活动形式。

1.教学评议

高等院校教学评议活动包括教师的授课、学生的学习、学校的管理三个方面的评议。评议活动是监控教学质量的有效手段，促进教学质量监控体系的完善和发展，对其有着积极的作用。教学评议活动包括教师互评、教师自评，以及学生互评等多种形式。这些活动主要由学校的教学质量监控相关职责部门负责开展，也可以各教学单位自行组织；可以在一个学期的中期开展，也可以在期末开展教学评议。为了更好地完成教学评议活动，一些高校还设置了教学信息员、学生信息员。高等院校评议活动的结果分为优秀、良好、中等、合格、不合格，对评议结果优秀的教师及时表彰，不合格的教师也会受到相应的教育或惩罚。

2.课堂听课

课堂听课活动在我国高校院校中较为普遍，是监控教学质量的重要手段之一，活动主体主要包括学校相关领导和对应的教师。开展听课活动，能够有效提升高等院校的教学质量。一方面，各校的听课活动丰富，通过对所听课程的评价进而了解实际教学的质量，能够有效加强教学管理，而且有助于检查理论和实践教学的效果；另一方面，课堂听课活动有利于帮助新任教师提高教学质量，为新任教师提供学习借鉴和观摩的机会。开展教师相互听课活动，能够让教师在听课过程中不断吸取听课对象的有效教学方法和经验。许多高等院校明确规定了教学质量督导的听课任务，包括次数、方式及评价标准等方面。针对不同的课程，设置不同的听课方式。

3.教学检查

高等院校的教学检查可以分为阶段性检查、随机性检查和针对性检查。其中，阶段性检查是指在教学学期过程中的检查，如期初、期中和期末检查。在实际的教学过程中，期初检查主要是针对各种教学活动的前期准备环节；期中检查的主要内容是各个部门和教学单位对教学计划和教学任务的完成情况，以及师生的活动表现、各种设施的配备情况和教学成效等；期末检查主要针对学期教学任务的完成情况以及期末考试的组织情况。随机性检查是指事先不通知、随时到各个教学过程进行检查的形式。它具有一定的随机性，但目的性极强，并非随心所欲。随机性检查会按照学期不同时间的特点，结合高校自身情况开展各项检查工作。针对性检查是指针对某一项任务或者调研开展的检查工作，主要内容包括对教学情况、教学实践活动、教学纪律、教师备课及反思、学生作业、试卷等内容的检查。为了确保各项检查工作落到实处，各高等院校也结合学校特点制订了检查制度，即应该如何开展检查工作，以此进一步提升教学质量。

（三）质量监控体系的改革创新

高等院校教学质量监控体系的优化过程是一项全方位、多层次的系统性工程。要推进高等院校教学质量监控体系的不断发展，只有与时俱进，牢固树立起发展进步的创新意识，形成"全员参与、全程覆盖、全方位育人"的教育模式，由浅入深，循序渐进。

1.把握教学质量监控的核心理念

把握好教学质量监控的核心理念，要做到以下方面：

（1）树立牢固的质量意识

构建高等院校教学质量监控体系的终极目标是要不断提升人才培养的质量，体系中的各个环节和方面都要根据这个目标展开。在运行高等院校教学质量监控体系时，要对体系中出现的问题和现象不断反思，积累经验，及时发现问题并做出正确调整。此外，构建高等院校教学质量监控体系也要将人才培养的质量和效益有机结合起来，以学生、家长和企业的就业满意度作为参考，检验教学质量监控体系是否真实可靠。

（2）明确教学质量监控的目标和标准

在开展高等院校教学质量监控活动时，相关部门的管理人员要对各自的职责有精确的定位和明确的目标。高等院校可以按照现有的教育相关制度和理念，结合自身的特点有针对性地制订出教学质量监控的总目标和各个分目标，并将各个目标落实到各个职能部门。高等院校要进一步把各部门的工作职责和制度规划清楚，以免引起不必要的资源浪费。此外，高等院校在开展教学质量监控活动时，必须要有明确清晰的标准，包括动态标准和静态标准。动态标准主要体现在活动开展的过程中，静态标准主要体现在活动的结果上。例如在对学生进行监控时，目标体系既要涵盖学生对教学的满意度，也要将教学育人的成效包括在内。标准除了要有稳定性之外，也要对其及时调整和完善。在完成一个监控周期后，要根据监控结果所体现出的问题及时地对监控标准做出调整。

（3）结合教学规则并创新

规则主要是指高等院校在教学质量监控体系的构建过程当中，要按照一定的规则对各项工作的流程和要求提出明确要求。要不断推进教学质量监控活动的开展，首先要在全体教职工和学生群体当中牢固树立起规则意识，要求其以规则作为行动引领，所开展的一系列相关工作都要以此规则为依据。创新是指高等院校要不断对自身的教学质量监控体系进行创新性的改进，在结合自身特点和借鉴其他高校的有效经验的基础上，不断完善自身的监控体系。各个高校的监控体系会受到高校自身特点不同程度的影响。因此，高等院校在构建监控体系时，不能盲目照搬其他高校，要充分结合自身的办学理念和实际特点，以问题为导向，在遵守相关规则和发展规律的情况下，对监控体系不断地进行创新和完善。

2.提升教学质量管理信息化水平

目前现代信息技术蓬勃发展，给各行各业都带来了实质性的影响。教学质量监控也要充分与现代信息技术有机结合起来，通过相关技术手段对信息进行科学的搜集和分析，不断提高监控成效。因此，高等院校在进行教学质量监控时，也要不断提高教学设施的信息化水平，结合学校特点努力构建人才培养的数据采集和管理平台。数据采集与管理平台是体现高等院校人才培养实效的重要标准，能够将高等院校的办学情况和人才培养效果直观、全面地展示在大众眼前，学生能够更全面地掌握每个学生的就业情况，为高等院校监控教学效果奠定坚实的基础。促进高等院校的人才培养数据采集与管理平台的建设，充分体现人才培养数据信息对教学质量监控的积极促进作用，主要可以从以下两个方面进行：

（1）高等院校要不断对人才培养信息系统进行调整和完善，及时更新相关数据，确保数据的准确性和时效性，教学主管部门系统的相关数据和校内平台的人才数据需要保持一致。因此，要努力组建一支高水平的信息人才队伍，为学校开发出人才培养数据系统，同时要结合自身的实际情况，不断完善系统功能，及时整理、补充、完善相关数据，构建起科学合理的质量预警体系，将影响人才质量的不利因素减到最少。

（2）高等院校要不断优化和完善信息的搜集方式，建立科学有效的信息搜集制度，努力从数据源头采集第一手数据。构建人才数据库，从原有的走过场的数据采集形式逐渐转变为主动采集并持续完善的形式，从容应对数据的缺陷和不足。此外，要结合实际情况建立出科学有效的数据处理制度，对搜集到的数据进行科学正确的分析和整理并不断改进，对各教学单位的人才培养效果做出科学客观的评价，形成"实时、动态、共享"的数据评价体系，不断促进教学质量监控体系的发展，切实提高教学质量。

3.培养高校教育质量文化

在实际的教学实践中形成，学校所有成员普遍认同，科学稳定的群体意识、目标、标准和评价体系所形成的集合，称为高校教育质量文化。高校教育质量文化的发展已经逐渐成为高等院校教学质量监控体系的一个重要方向。高校教育的质量文化呈现出"金字塔"结构，从上到下主要是：精神文化、制度文化、行为文化和物质文化。重点从四个方面着手：

（1）构建物质文化

高等院校的物质文化层面涵盖范围广，具有职业指向，主要分为校园设施文化和校园环境文化，体现出学校的办学理念和综合水平。校园的设施文化主要指学校的各类建筑、楼宇、装饰等，环境文化是指学校的生态环境、资源以及合格发展等方面文化。校园的设施文化和环境文化都对高等院校的教学质量监控和人才培养起着积极的影响作用。

（2）打造行为文化

高等院校的行为文化主要指各类活动，包括教学活动、课外活动、社会活动等形式。行为文化体现着学校的文化氛围和人文风貌。另外，制度文化能够约束高等院校的管理，使其不断趋于标准和规范。高等院校的制度主要包括各类组织运行机制和管理体系，是文化建设的重要组成部分。

（3）弘扬精神文化

精神文化作为文化建设的核心，具有一定的隐现性，主要是指各种形态观念和心理建设。对于高等院校而言，精神文化的具体化形成了校风，精神文化的核心则是校训。因此，要不断传承和发扬学校的精神文化，找准关键，通过文化熏陶不断将人才培养的目标落到实处。

第四章　教育教学质量提升的路径探索

结合新时代经济社会发展的要求，立足新文科人才培养的目标，突出教育行业产业的实践要求，探索教育教学质量提升的路径，是提升人才培养质量、实现教育持续健康发展的关键。基于此，本章从在线课程教学质量的提升、师生交往视域下的教学质量提升、以形成性评价促进课程教学质量的提升以及基于OBE理念的线上线下混合式教学质量提升几方面展开论述。

第一节　在线课程教学质量的提升

在线教育是以网络为递质的教学方式，美国是在线教育的发源地，其约有超过半数的企业通过网络的形式进行员工培训。1998年以后，在线教育在世界范围内兴起，从北美、欧洲迅速扩展到亚洲地区。与传统教育方式相比，在线教育通过网络进行教与学，有着诸多方面的优点，具体优点包括：①在线教育通过网络进行教与学，教学活动不受地域限制；②借助网络，学员可以随时随地进行学习，无时域限制；③每位同学可以根据课程的难易程度与自身的领悟能力，合理安排自己的学习进度；④在线教育可以实现优秀资源共享与互补，能将最佳的教学资源呈现给每位学生；⑤在线教育可以大范围、广时域地交流互动，学生与学生之间、学生与教师之间可以通过论坛、互动板块等将学习交流延伸到课堂之外，不再局限于有限的课堂时间；⑥在线教育作业考试等反馈迅速，方便学生实时掌控自己的学习情况。

从整体来看，在线教育的优势还是比较明显的。在线教育解决了传统教育机构的运营成本高、生源较局限、口碑传播率低、营销活动困难等问题，也很好地解决了学习场景单一、作业考试反馈慢等问题。同时，在线教育也带来了一定的教育公平性，比较有效地解决了学生知识信息不对等、师资条件不平衡的问题。但无论是在线课堂的授课方式还是传统的教学模式，不变的本质是教学的内容。在线课堂只是为知识的传播提供了一种新的方式。认可在线课堂带来便捷和教学场景多样的同时，也要尊重传统的教学模式。

一、精简课堂讲授的内容

在线课程教学异于课堂教学，学生通过网络学习，其学习关注度较集中学习差很多，而且在线学习易受家庭等诸多外界因素的干扰。在学生自控力不够的时候，学生学习效率就会不尽如人意。因而，在线课程的授课内容必须要精简，重点是对课程重点内容与难点问题进行讲解、阐述，而对于一般概念性问题可以简略介绍，以便于简化内容，在有限的时间内提高授课效率。授课视频长度需控制在15分钟内，且视频不能复杂，重点部分色彩需要突出。如"汽车理论"课程中讲解汽车制动性章节，对于制动效能的三要素可以简略讲解。汽车制动力来源部分，视频需简单，可以用圆代替汽车车轮，用其他颜色的箭头标注地面支承力、重力、制动器制动力等，对比直接放入车轮，这样可以突出讲授重点，直接抓住学生眼球，在有限的时间内将知识传授给学生，从而提高授课效率。授课内容简练的目的是提高在线课程的授课效率，但对于授课教师而言，进一步提升了授课与备课的难度；同时，也要求学生有较强的自学能力，能通过自学掌握基础性的知识。

二、增强教师教学的水平

教师的教学水平是保障教学质量的根本。提高教师的教学水平需从教师的素养、语言运用能力和应变能力等诸多方面着手。增强教师教学水平的具体内容如下：

第一，在线课程教学中，教师对自身的情感、仪表、举止等方面的约束能力要强。课程教学是严肃的，但是课程教学必须要有激情，与此同时还需要适当的幽默感，尤其是在在线课程教学中。如果教师语言简洁风趣，态度亲切和蔼，语调抑扬顿挫，轻重适当，学生就会在这种情感的感染下，很快进入学习状态。反之，如果教师授课语气一成不变、单调，授课时照本宣科，学生反应就会迟钝，对授课内容缺乏兴致。因此，教师需要先增强自己的综合素养。

第二，教师授课是通过语言的交流，将知识传授于学生。教师课程教学语言应具有科学性，同时也应具有启迪性。课程教学的主要任务是向学生传授系统的科学知识。因此，课程教学语言必须具有科学性，做到准确精练，有条不紊，合乎逻辑。与此同时，课程教学语言要具有启迪性，教师教学语言要生动形象。教师要不断学习，运用形象的语言，充分激发学生的创造性思维，引发学生丰富的想象力，不仅要授人以鱼，更要授人以渔。在线课程教育中，教师要充分备课，提前规划、组织好授课语言，做到深入浅出地讲解。

第三，在线课程授课时，突发状况很多，出现任何情况都是有可能的，需要加强教师的应变能力。如突然语音没有声音、授课图像显示不了、视频中突然出现外部人员等。当出现突发状况时，授课教师要保持冷静，一定不能惊慌，要稳重，要能以风趣的语言边授课，边解决问题。教师要不断学习，增强处理各种意外情况的能力，同时对于学生接受知识的信息反馈要随时掌握，及时处理，做出符合教师职业规范的处理。

总而言之，在线课程的授课，对教师的素质要求高，不仅要求教师具备良好的专业素质，而且同时要求教师要不断提高自身的素质、修养与人文情操。

三、增强对教学的掌控力

课程教学中教与学是互动的。课程要教授好，教师必须要了解学生的学习状况，实时进行教学调整，有针对性地进行教学活动，才能做到因材施教。在线课程教学的特殊性，造成了教师对于在线课程教学的掌控力下降。必须要采取多种教学方式相结合，来提升教师的课程掌控力。

而提升教师的课程教学掌控力的前提条件是教师能接收到学生学习的实时反馈。一方面，需要教师能通过软件监测到每位同学的学习情况；另一方面，需要教师能通过软件实时与学生沟通、交流。只有这样，才能在在线课程教学中，提升教师对课程教学的掌控力。在线课程教学中，除了采用常规的视频授课方式外，还设置了多媒体授课、节点提问方式、节点实时测试、课题讨论等多种教学形式。从实施效果来看，教师的课程教学掌控力显著增强。

总而言之，教师对在线课程的掌控力，决定了课程是否能够因材施教，是否能高效地将知识传播给同学，其关键在于教师能否在授课过程中获取足够的教学反馈。因而，在线课程必须要采取多种途径来获取学生学习情况反馈。

四、借助软件提升教学质量

目前，在线课程授课软件比较多，各有其优缺点。如学习通软件，可以设置在线视频教学、在线讨论、作业、考试等诸多功能，但实时交流不便。

在线课程教学中，不能单一地采用某一授课软件，需要融合使用多种软件来达到最佳的教育教学效果。每一种软件都有其特长之处，如YY语音①软件可用于语音交流、腾讯QQ群或微信群可用于答疑解惑。在线课程教学中，可以通过YY语音群的实时语音传送，实现交流互动；通过腾讯会议视频，了解学生学习反应与交流；通过学习通的交流互动板块，实现师生间的交流互动；通过腾讯QQ群来答疑解惑等。总而言之，教师要能综合利用各种软件资源，时刻把握学生的学习动态，及时交流互动、答疑解惑，这样才能提升在线课程教育教学质量。

五、多重考核提升学习效果

课程教学质量的好坏、学生学习情况的反馈，最终是需要课程考核来衡量的。提高在线课程教育教学质量，也需要通过课程考核反馈完善与提高。在线课程教学方式异于传统课堂教学，因而其课程考核也需在传统考核制度上进行改进。在线课程的考核不宜只采用单一的闭卷考试来决定课程的最终成绩，必须贯彻以考促学、以考促教的理念来设置其考核环节。在线课程的考核制度需从考核内容、考核方式、考核组织形式等方面进行完善。

（一）多重考核的内容

在线课程的考核内容，要保持"一少三多"的原则。"一少"指减少概念、术语类死记硬背型知识内容；"三多"指增加分析题、增加综合运用题、增加能力考核内容。在课程考核时，尽可能将一些死记内容转化为应用题。这样做的好处是，只有平时认真学习，才能真正考好该门课程，强化了学生平时的学习。只有在考核内容上倾向于应用能力培养，才能使同学在平时学习中重视能力

① YY语音是广州津虹网络传媒有限公司旗下的一款语音通讯平台。

培养，真正做到以考促学，从而提高教育教学质量。

（二）多级考核的方式

单一的期末考试，不太适合在线课程的考核，因为它不仅不能反映学生的平时学习情况，而且也不能反映出学生的能力培养情况。对于在线课程的考核，宜采用多级考核方式。所谓多级考核制度，是指在整个教学过程中穿插了课程考核，真正将考核融入日常教学和学习过程中，充分利用多层次的考核，调动学生平时学习的主动性，避免课程结束时单纯背题、期望小抄作弊过关等情形出现。课程的最终成绩评定由平时学习考核、作业考核、期中考核、交流考核、期末考核等多级考核组成，必须完成相应的考核，才能进入下批次的学习与考核，这样才能真正促进学生对在线课程的学习。

（三）考核的多重组织形式

在线课程考核的组织形式，在充分尊重学生自觉性的基础上，也要有足够的手段去防止考试舞弊的情形出现。考核时，在满足考试空间的基础上，要求学生采用摄像视频监控，也可采用其他软件如腾讯视频会议等监控，在有力的监考下，尽可能让学生做到自觉考试、诚信考试。这样做的益处是公平公正，让学生把重心放在学习上，而非指望舞弊通过课程考核。

总而言之，在线课程教学是一种新兴的教学形式，它是对传统课堂教学方式的补充与完善。在教学过程中，不可避免地存在着一些不足之处。需要教师改变传统教育模式，从简练授课内容、提升自身的教育教学水平、学习综合应用多种教学软件、改革课程考核制度等诸多方面着手，才能不断改进与提高教育教学水平，提升课程教育教学质量，做到"教""学"相长，完成课程既定培养目标。

第二节　师生交往视域下的教学质量提升

教育教学活动是人类社会实践活动的一个特殊领域，在本质上是一种建立在人类生产实践活动之上的，人与人之间的特殊交往实践过程，其根本任务始终是以教学为主要活动形式的人才培养。我国现在正在进行的"双一流"建设，其目的是提高高等教育质量，核心是提高人才培养质量，尤其是本科教育人才培养质量，而人才培养质量的全面提升依托予以高质量教学为支撑的教学质量的整体提升。

虽然近些年来关于教学质量提升的研究层出不穷，但仔细查阅文献不难发现，大多数学者的研究都聚焦于教学质量评价和保障体系建设，而真正关注作为教学主体的教师和学生的研究甚少，而通过研究师生交往互动以探求教学质量提升路径的更是微乎其微，但这并不意味着师生交往以及由此形成的师生关系之于高校教学质量的提升毫无作用。相反，没有师生之间的生动交往，就难有高质量的教学，也就难有真正的教学质量提升。

一、回归教育本真

高校的育人工作关系的不仅仅是一流高等教育建设的大计，更是民族富强、大国复兴、国人达成中国梦的动力源泉。因此，人们始终不能忘记教学最根本的任务是育人。毕业生应该是集知识、技能和道德责任感于一身的社会栋梁之材。在创新驱动发展战略下，高校一方面通过基础研究与前沿技术研究发现新知识、创造新理论而发挥"顶天"之作用；另一方面，高校的种种科研活动又通过紧密围绕经济社会发展需求，以及服务经济社会发展而承载"立地"之责任；但最为重要的是，高校之根本仍然是以"育人"为其核心任务的高等教育机构。因此，不管是公办高校，还是民办高校，都要进一步增强紧迫感和责任感，不能忘记高校的立身之本，把主要精力放在人才培养和教学工作，全面贯彻教育方针，推进素质教育，走向育人自觉，使学生得到全面而个性化的发展。

高校要做到回归教育本真，唤醒教学的新活力。教学是高校发展之本，立本错乱，兴道必偏。按照现代"一切为了学生发展"的教育理念，教学质量的高低应该根据学生的学习发展来衡量，教学改革应该关注学生的"学"，重视学生自己的知识建构，以高校生学习改革及学习发展增值的视角探讨如何提高教学质量。这就要求高校教育和人才培养质量的提高。首先，必须回归教育本真，以生为本、立德树人，进入教学的微观世界，以此改善当前高校部分存在的教育不重"育"、教学不重"学"、学习不重"习"、知识不重"识"的教育教学现状；其次，坚持高校教学工作的中心地位，人们也需重新思考对高校的认识和评价，改革目前的考核、晋升、激励机制，构建和完善教学科研相结合的考核机制，纠正过分看重论文计量考核的偏向，更加注重教学和学生素质的真正提升，促使高校教师把科研成果转化为教学内容，把教书育人融入科研工作，以达到教学和科研两者间的常态平衡，从而提高教学水平和育人质量；最后，教师和学生始终是教学活动的最直接参与者，教学质量的提升也需要师生双方共同构筑情感丰盈的师生交往空间，各安其道、悲喜与共、携手同心以唤醒和拓宽教学的新活力。

总而言之，就教师而言，坚守知识分子的良知，重拾内心的教育情结，持守职业的神圣感，教育别人之前先教育自己，先解自己之惑再解学生之惑，先固本身之业再授他人之业，先明个体之道再明社稷之道；就学生而言，专注于读书的快乐、好奇心的养护以及志趣的培育，知晓知识技能"无用之用"的辩证，明了教育可以为就业做准备但并不是所有类型的高等教育都要讨巧就业需要，从而珍惜五彩缤纷的院校生活，努力成为有理想、有个性、健康、乐学的求知者和富于涵养的现代人，这才是接受高校教育的根本目的和教学质量提升的真正要义。

二、塑造良善教学生态及师生交往空间

高校不仅仅是客观的物质存在，更是一种文化存在和精神存在。纵观中外教育历史，教育都是文化的教育，是对人的育化。所谓教书育人、管理育人、服务育人、环境育人，说到底都是文化育人。学生在毕业后不能仅仅成为某一领域的专家，还要成为一个人格完善的人。完善人格的关键是要懂得人的意义，具备正确的价值取向以及对人的尊严、人的权利、人的责任等的认识。而如果这些教育意义在教育教学活动中无法达成或无法获得学生的高度认可，则教师的成就感和归属感也很难从其中获得，这也成为高校教学缺乏活力和生机的重要原因。因

此，如何更好满足学生的主动内生性需求和教师自我发展的刚性需要，在教育教学活动中激发学生的自主性和创造性以及满足教师的精神需求与自我发展意愿，激发出知性化教学中普遍存在的师生间共生、共融发展的美好状态以提升教学活力和教学质量，已经成为高校教学改革亟待解决的重要问题。而高校教学改革问题的有效解决离不开对高校本身文化特性的深度分析与考虑。

高校作为人类社会文明的结晶，其是社会的一种文化承诺，是唯一能称为历史发展文化积淀的产物，它是高校精神文化传统的创造者与传承者，不仅传播知识、造就人才，而且传递和发展着这个社会的核心价值。学生，是文化传承的主要载体。一所高校是否真正重视人才培养，其核心在于是否真正以学生为中心，关键是形成氛围良善的高校教育教学文化生态并对浸润其中的人和事产生深远的教育意义和影响。高校提高教学质量也不仅仅是一种简单的制度要求，而是须深入每个高校人的灵魂，成为每个人的自我要求和自律行为，通过构筑情感丰盈的师生交往空间，形成潜在的学生向学和教师乐教的良善学风、教风和高校教学文化，发挥文化化人的"不教之教"。

（一）承继寄宿学院制办学模式

高校是一个求知的精神共同体，教员和学生住得很近甚至一起起居生活，无论是心灵上还是空间上的联系和沟通都非常密切，呈现出师生间可随时坐而论道、进行学术交流和思想争锋的场景。如果缺少了丰盈的师生交往，必定影响学生和教师精神成长的历程。教师与学生之间理应是互惠式的教学关系，在课堂内外，彼此启迪，彼此建造，彼此成全，而非控制式或放任式逻辑衍生的教学关系。因此，英美一流的高校，至今仍然保持着严格的以学生宿舍为平台、以学生活动为载体的寄宿学院制，在寄宿学院中，师生混居，有充分的交流。

其中比较典型的例子就是被称为"世界高等教育的奇迹"的美国深泉学院。在深泉学院，教授不只是教师，他们与学生的关系更像是家人、朋友，大家住在一起，一起吃饭，共同学习，共同劳动，共同骑马远足。在这里，仍然保持着中世纪高校"象牙塔"的精神气质，这里既是教师和学生共同探讨和学习的空间，更是师生间相互温暖、相互支撑的场域。此外，哈佛大学和耶鲁大学也都为本科生建有庞大的住宿学院，由资深教授任院长并住校，每个学院还配有专职的教辅人员。与传统的课堂教学相比，师生间的交往和非正式接触，如学生与教授共同进行课题研讨、一起参加文化活动以及学生与教授共餐等，更有助于学生获得成功。住宿学院对提升学生学习成绩，建立良好的师生关系和同学关系有明显帮助，并且还能增进学生对学校的认同感，加强学生的领导能力和活动组织能力。住宿学院集有针对性的教学活动、有导向性的课外活动和有情操培养性的集体生活于一体，让学生在与教师一起构筑的和谐、愉快的交往空间中互相交流和学习，为学生的全面发展创造了良好的环境。

目前我国也有部分高校承继住宿学院制的优良传统，开始进行住宿学院试点，并取得了良好成效。目前，办住宿学院呈现出两种模式：一种是规模较大，覆盖全体本科生的，如南京审计大学、西安交通大学等高校；另一种是规模较小的精英式住宿学院，从入学新生中抽选部分学生入住住宿学院，有一对一的导师指导，如北京工业大学的樊恭烋学院。此外，清华大学苏世民学院和北京大学燕京学堂，其也是小规模精英式书院的办学尝试。

由于时代发展和高等教育普及化的到来，人们虽然不能原封不动地采用类似于中世纪高校时期的住宿学院形式，但是在办学模式上，师生密切交流的精神和传统却应该很好地继承下来，为师生构建更加丰盈的交往空间，使本科生教育教学成为一个"师生共同探索、发现和创造之旅"，使他们能够始终保持朝气蓬勃、富于想象、热情洋溢的创造力，这或可成为打破知性化教学局限性、提升高校教学质量的有效途径。

（二）营造崇教尚学的教风学风

学生在高校中学习的，不仅仅是课堂上所讲授的内容，更重要的是一所高校本身所给予他们的观感和印象。熏陶是不教之教，是最有效也最省力的教育，好的素质是熏陶出来的。所以，高校要进行文化建设，并且要加强"教学文化"建设，以充分发挥高校教学文化的不教之教之作用。好的教学文化体现为一种精神，更表征为一种大家普遍认可的无形制度，更是一种聚精神、制度、物质等于一体集合而成的互鉴交融、沁人心田的氛围。而教学文化在高校中最鲜明的体现就是良好的教风和学风。

教学是教师和学生之间的互动活动，只有教师和学生的工作动机和学习动机都很积极，才有可能有高质量的教学行为。实施创新驱动和内涵发展背景下的高校教学质量提升，离不开崇教之师与尚学之生以及由此形成和塑造的氛围良善的教风、学风。教风和学风是一个学校办学水平高低的重要标志，是展现学校精神风貌的亮丽名片，是衡量学校教学工作好坏的标准之一。好的教风和学风会使学生终身受益，并且受到永志难忘的熏陶和教化。优良的教风和学风是一种积极的氛围，它既是制约不良风气产生和蔓延的约束力，同时又是使处于这种氛围中的学生保持进取之心的推动力和凝聚力，对于世界观正处于形成过程中的青年学生有着潜移默化的影响。

高校要坚持用价值观引领知识教育，把社会主义核心价值观融入教育教学全过程，引导教师潜心教书育人、静心治学，引导广大青年学生勤学、修德、明辨、笃实，使社会主义核心价值观成为基本遵循，形成优良的校风、教风、学风。对于高校教师而言，他们不仅是人类先进文化的继承者和传播者，而且是人文精神的践行者和传授者；不仅应从理论上对人文精神进行研究，而且应通过言传身教来传播人文精神。教师应该为人师表，不仅应该是"经师"，更应该是"人师"。换言之，高校的教师不仅要传授知识，更要教学生如何做人，这种教育是在潜移默化中实现的。教师的一言一行，对学生而言都是潜移默化，教师的一举一动，对学生而言都属言传身教。教师只有率先明了自己肩上的教学责任，有先进的教育教学理念和高涨的教学热情、激情，做一个崇教之师、乐教之师，才有可能成为改变未来教育的最具智慧、最体现生命力的基础支持。

教师们这种良善的崇教之风对学生形成创新精神和对真理正义的不懈追求品性具有重要的作用。更重要的是，教师在教学中的严谨治学态度和敬业精神，更成为学生的榜样。而对于高校生而言，只有首先明了自己的学生身份与学习本分，有高度的学习自主性、积极性和创造性，做一个尚学之生、向学之生，才有可能成为适应经济社会发展的栋梁之材与中流砥柱。师生在浓郁的教风和学风中对知识、思想等的交融和互动可以超越时空界限，让知识、文化、思想、情感、道德等厚积薄发，成为师生共同的珍贵精神瑰宝和启迪智慧的泉眼。师生在这样和谐自然的教学生态中与真理为伴、与真知为友，醉心教与学的伟大事业，也让高校真正成为师生达成学术夙愿和探求未知世界的神圣殿堂。

总而言之，崇教尚学的教风和学风是我国高等教育事业健康发展的表征，同时又是推动高等教育质量提升的保证，只有塑造氛围良善的教师崇教和学生尚学的教风、学风，形成风清气正的教育教学生态，使得教师崇教、爱教，自觉潜心育人，学生向学、乐学，自主积极发展，方能有成果丰硕、人才辈出的高校教学质量的提升。

（三）创新小班研讨课组织形式

真正的教学质量提升一定伴随着教师和学生共同的进步和提高。这也就意味着，高质量的教学离不开教师和学生之间的彼此关切和相互激励，是师生之间知识、情感、思想、价值观等真正地参与、互动和交往。学生作为生命个体的存在，具有生命的创造性和体验性，从这个意义上来看，强调教学是师生交往、共同成长的生命历程，突破了传统教学中将学生视为"认知体"的藩篱，将学生由传统高校教学的"认知体"提高到了生命体的高度。这就需要在教师与学生充分而有效的交往中实现教学理性的回归，达成真实有效的互动，成就彼此的发展。只有在丰盈的情感环境中，学生才能生长出丰盈的情感，才能实现教师和学生的成长。

因此，高校改变沉闷单调的教学，需要先创造有利于师生交往和交流的空间，让教师回归成真实的、具体的、亲切的个人，空间距离拉近了，心理距离自然也就近了。如浙江大学为方便师生间开展交往互动活动，专门在校园的各个角落建成了多个面向全校师生开放、不以营利为目的的师生交流吧。这一举措成为浙江高校校园文化建设的重要组成，自建成以来取得了良好反响。而在课堂教学中最能拉近师生距离的莫过于小班研讨教学模式的实行。高水平的科研成果与高水平的知识传授相结合的小班研讨课，是世界一流高校本科教育最广泛采用的教学组织形式。小班研讨教学模式改变了传统以知识传授为主的课堂，让师生真正参与到互动和讨论之中。很显然与传统的大班课堂相比，大班授课和小班研讨相结合的模式更有助于加强教师与学生的交往互动。而这一模式也已在斯坦福大学等诸多世界一流高校的本科生教学中广泛采用。

目前，北京大学、北京师范大学也已经开始了小班研讨教学模式的试点工作。在北京师范大学教七楼中，固定的大讲台已经被一个高度可伸缩、位置可四处移动的小讲台取而代之，任课教师可推着它到达教室的任何一个角落。课桌椅也安上了防噪音设计的轮子，根据课堂教学的不同需求，可以在"排排坐"听课模式和"圆桌"讨论模式中切换自如。由此可见，小班研讨教学模式很好继承了中世纪高校寄宿学院中师生共同研讨、随心交流的形式，是对新时期高校教学模式的创新发展，对于构建丰盈的师生交往空间和达成教学相长、师生共赢的教学质量的提升大有裨益。

三、关注教师发展构建长效机制

教师是履行教育教学职责的专业人员，承担教书育人、培养社会主义事业建设者和接班人、提高民族素质的使命。教师不仅应当教育自己，使自己达到理想的境地，而且还应当教育别人。教师也正是在教书育人的活动中实现自身的发展。

（一）加强师德建设

教师要以人格魅力和学识魅力教育感染学生，做学生健康成长的指导者和引路人。教师不仅是"经师"更是"人师"，不仅是专业工作者，更是富有人格魅力的教育者，已日益成为人们的共识。从"经师"到"人师"，这就对教师的职业道德素质提出了更深层次的要求。教师自身应实现从一个学科教师走向一个育人教师的职业角色转换，学为人师，行为世范，欲"立人德"，先"立己德"。而就各高校而言，则需完善教师考核评价制度，更加注重考核教师的职业道德，增大师德考核比重，以加强师德建设，激发教师重视教学、关爱学生和自我提高的自觉性。

1.教师欲"立人德"先"立己德"

德者，师之本也。教师师德主要是针对教育教学活动部分而言，即要求教师遵循教育教学活动、师生关系等方面的基本道德规范，自觉规范言行举止。高校教师要始终坚守"学为人师，行为世范"。学生成人成才，教师桃李满天下这些让人舒心、让人骄傲的成就，其离不开教师的仁爱之心和高尚的师德。所谓欲"立人德"，先"立己德"，即只有教师以身作则、行为世范，对教学、对学生付之满腔热情，才有可能建立师生间和谐融洽的交往关系，进而才能培养出充满仁爱和责任感的学生。仁者安仁，仁师爱生，爱心恒守，大爱无疆，这是高校教师须臾都不可丢失的良知良心。因此，对于高校教师而言，只有热爱教学岗位，热爱所有学生，热爱一切美好事物，才能成为广受学生爱戴、广为社会点赞的优秀高校教师。

2.需要完善教师考核评价制度

教师的职业道德不仅关乎自己的生存和发展，更对学生的生存和发展有着深远的影响，有关民族未来，有关社会担当。只不过高校教师的职业道德更多的是内在的、精神层面的价值体现，就高校培养"高校人"而言是更为重要的存在。所以师德建设，目的就在于引导教师认识教育的本真和教师职业的特点，在教育教学活动中规划自己、设计自己、描绘自己，在学生生命的发展过程中发现自己、发展自己、实现自己。如此教师才会将学生的需要视为自己的需要，才会将学生的发展视为自己的发展，才会有教育的责任感、使命感；也只有在这样的指导思想下，才能引导广大教师到达思想道德发展的崇高境界，才能让广大教师获得精神世界的安适与宁静，才能实现教师职业理想和职业建设的目标。

如果对教师考核的内容以偏概全、以点带面，以教师外在显性的科研成果或教学课时量为主，而忽视其职业道德及其精神价值，这便是将教学宗旨建立于对教学工具意义上的理解而非是建立在对人的意义的理解之上，便是舍教育之道逐教育之术的失去灵魂的教学评价。因此，改革完善高校教师考核评价制度，这就要求各高校在师德建设中更加注重教师职业道德在内在的、精神层面的价值体现和评价，克服教师评价和晋升中普遍存在的学术化倾向，使广大教师内心有尺度、行为有准则，以激发教师自我提高的自觉性和内在动力。

（二）完善教师学习和培训机制

教师是学校各项事业的建设主体，是高校使命与组织目标的具体承担者。尤其是在高等教育即将进入普及化阶段，受教育者的知识基础、能力水平、学习习惯、教育需求存在广泛的差异，这些复杂而多样的教育因素对教师的专业能力和素养提出了更高的要求。作为高校人才培养职能的具体承担人，教师必须合理定位自身职业角色和素质，突破传统的单一灌输式课堂教学模式，积极构建强调学生参与、体验、主动学习的先进教学方式，调动学生学习的积极性，强化学生的自主学习。高校也必须合理定位教师角色，完善教师学习和培训机制，为广大教师学习和进步提供更宽广的平台，以提升其教育教学素养，为教学质量的提升奠定最优质的师资基础。

1.合理定位教师角色和素质

教师在观念上合理定位自身的教师角色和职业素质。教师不仅仅是向学生传授知识，他实际上以一种个人的方式体现了他所教授的知识。从某种意义上来看，教师就是他所教授的知识，每一个学生都是在教师的知识和理解事物的方式基础上，才进行个人塑造的。

每一个学生都以自己独特的方式吸收价值观、实际技术，形成习惯和进行批判性的反思。教育教学的最终目的是激发人的向学之心和创造力、想象力、判断力，带动学生去讨论，启发学生去思考，指引学生解开困顿和迷惑，这才是高校教师的合理角色定位和应有的职业素质。口若悬河式地讲章说句形式的教学方法早已成为过去时，高校教师所面临的挑战是必须转变其教书匠的角色定位和对教师职业素质的认知。现代教育需要的就是"启"，也就是启蒙、启迪和启发学生们的心灵、智慧和想象力，这是教师最合理的角色定位和最可贵的职业素质，而不再是满堂灌输知识。按部就班、照本宣科的教学方式已经成为师生沟通讨论的重要障碍，也是阻碍教学质量提升的极大屏障。因此，这些必然要求教师具备新的素质结构与角色定位，以不断探求师生共同进步和提升的先进教学方式，以避免在封闭的教学体系重复中蒙蔽了窥视教学新世界的慧眼。

总而言之，真正活的、有生命力的教学方式一定饱含着转识成智的逻辑向度。因此，教师应在教学活动中摈弃以教师、教材和课堂为中心的陈旧教学观，转变自身角色，加强师生互动，做使学生转识成智的启智之师，鼓励学生自主学习和合作学习，不断改善学习效率和学习效果。

2.完善教师学习和培训机制

无论形式如何，那些能够在技术上提升教师教学实践能力的活动比较受欢迎，特别是教学科技运用和教学方法训练，那些帮助教师维护身心健康、提高人际沟通技巧的活动也有很高的参与度。此外，学生是"正在发展中的成年人"，他们面临着成长所带来的必经烦恼，心智发展还并不完全成熟，在学习上也并非都是积极主动、勤奋向学的自主学习者。因此，这就对教师的专业素养提出了更高的要求，尤其强调教师对于学生学习兴趣、道德发展、价值观形成等方面的引导、鼓励、陪伴与教化能力。而这些能力的训练离不开配套性的专门学习和培训，以更有针对性、更高效率地提升教师的教育教学素养和自我发展能力，从而助力学生心智的全面发展。

教学不是一种天生的才华，而是一种通过实验、重复、改进而发展起来的能力。这种能力也可以通过教练指导或观察其他教师获得。例如，在斯坦福的讲座、实验室、小组讨论、专业课或新生课里，没有一成不变的教学质量，只有通过关注不断改进的教学质量。教师要改进教学，需要有可靠的信息知道学生在课上学得怎么样，还需要有机会跟同行合作以及互相学习。教学提升的两大利器是学生反馈与向同行学习。因此，在一个跨学科日益盛行的时代，在高校这样多学科融合在一起的得天独厚的场所，应完善教师的学习和培训机制，给广大教师创造更加宽广的学习和培训平台，以更有利于教学上有一定造诣的教师发挥传、帮、带作用，让教师之间的学习、培训成为常态，以提升教育教学素养，为教学质量提升奠定优质师资。

（三）优化教师教学奖励机制

关注教师作为一个完整的人的成长是未来教师专业发展的内在诉求，教师迫切需要摆脱长期以来形成的符号化、工具化生存处境，走向真实的生命成长之途。教师专业发展首先需要外铄；其次需要内发。外铄指的是来自教师主体外空间的各种触动个体发展的途径和机缘，内发则是来自教师主体内空间的一种引领个体发展的内在驱力。当教师主体内外空间同时开启并形成一种有效的互动反馈机制时，教师才能真正实现作为一个真实完整的人的成长。因此，教师个体发展受其内外多重因素的交互影响，既离不开外部环境的导引与培育，也离不开教师主体的内在努力与追寻。

1.外铄

外铄需要高校优化教师教学评价和奖励机制，维护教师合法权益。高校基本职能的发挥离不开广大一线教师。激励教师投入本科一线教学，是提高教学质量、人才培养质量的有效保障，更是高校对社会、国家、家庭、学生负责的表现。教师首先是人，然后才是教育者，剥蚀生物性而大谈精神性是片面的，也是虚伪的，教师要生存，也要维护自己的正当权益。离开对教师生存状态的深切关注而讨论教师的专业发展，从本质上就是将教师存在价值工具化。就我国而言，目前仍呈现出"重科研轻教学"的基本特征。众所周知，教师的教学劳动是一种创造性的复杂劳动，因此，不管是通过自上而下的顶层设计还是凭借自下而上的系统推进、协同改革，都必须进一步完善传统的教学管理制度、教学评估与考核制度、教师学术评价与职称晋升制度、教师培训等配套支持，优化教师教学评价和奖励机制，制定科学合理的评价周期，以给予广大教师更全面、更合理、更科学的权益维护。如果人们能够做到这些的话，方能使卓越的教师获得尊重与归属感，让教师更加注重教学、投身教学。

2.内发

内发需要高校关注教师精神成长，构筑教师情感支点，激发教师教学内驱力。高校教师是主要从事有关价值、观念、符号等文化性活动的文化传承者、心灵塑造者、意义阐释者、精神涵养者和知识传播者，因而其理想形象应主要是文化性的，而不是政治性、经济性，高校教师更应具有一种生命意义的追求，一种最终的价值之追求。当然，教师是"经济人"，他们有各种各样的物质需求和精神需要；但他们绝非只是"经济人"，更是"社会人"，特别是当师生互动、教学相长时，他们可以体会到超越利益的精神享受。对于作为知识分子的高校教师而言，所谓获得感从来都不单纯是物质形式的，更重要的还是体现在获得尊重之上。

教学工作作为一种情感性劳动，它要求教师长期的情感付出，这种情感付出以爱为核心要素。良性的情感劳动应该是师生之间的互促互给、和谐共鸣，单向度的爱的付出容易造成教师的情感透支。从某种程度上来看，找到情感支点并善于凭借这些情感支点摄取巨大的精神力量，是人实现自我价值、获得情感愉悦与心灵自由的重要决定因素。尤其对高校教师而言，情感支点更是生命充盈、意义充实、超越现实的重要依赖。有了情感支点，就比较容易对自我的思想和行为加以引导，赋予自我的行为模式、价值取向以合理性、正当性甚至崇高性，从而为自我的行为模式、价值取向、人物关系、人我关系提供意义阐释，并获得道义上的满足和精神上的愉悦，实现身体和心灵、生理和心理和谐存在。而教师情感和精神成长的力量对其教育教学影响是隐性的、潜在的，难以用表面的成绩升降来衡量。因为"责任"是一种外在压力，而情感和精神力量则是一种内在动力。

因此，高校应关注教师精神成长，构筑教师情感支点，让他们在教书育人过程中有教学荣誉感、尊重感和获得感以及自我实现感，把教书育人当作事业去追求，从而调动其积极性和主动性，激发教师教学内驱力。如此，高校教师在享受自身权利，获取保障尊严生存的基础上，才能在教育活动中去思考那些具有无限、永恒意义的价值，且用当下的行动去追求意义、创造价值，从而确定对一种至高境界的向往，确立人生境界和价值的至高情怀，把握更高层次的需要和追求，以一种积极乐观与诗意美妙的态度处事、应物、待己，凸显精神生存和意义生存，达到一种理想的教育生存状态。

第三节　以形成性评价促进课程教学质量的提升

国内外高等院校在培养学生时均有自己较完善的课程体系和考核评价体系，但在目前教学中，还存在对学生学习过程、能力培养和技能训练等方面的综合性考核评价重视不够的情况。尤其是形成性评价方法不能与时俱进，表现为一部分学生不能正确掌握学习方法，对所学知识通常一知半解，并且对本专业培养目标、课程体系以及课程知识不完全理解。因此，有必要结合人才培养环境和课程特点，针对学生学习规律，动态监测学生知识学习、技能训练和综合素质培养情况，完善操作性强的形成性评价方法，使学生有信心、有热情地投入学习。同时，注重增强教师教学方法的针对性，改变过去教育过度注重终结性考试的评价方法，关注学生学习过程和学习效果。

一、形成性评价形式以及内容

（一）评价形式

合理的教学设计是开展形成性评价的前提。形成性评价的理念是在教学活动中，对学生学习效果进行过程评价，以反映教学目标是否顺利达成。因此，有必要在教学设计时就将形成性评价需要监控的课程教学目标、情感目标、专业培养目标等有机结合起来。开课伊始，教师需要将课程的形成性评价方式和内容告知学生，并使学生熟悉与理解。教学是双向的动态过程，教师和学生相向而行，投入时间与精力，目的是使学生掌握专业知识、锻炼技能、提高素质。因此，课程教学的每一个阶段都离不开学生的积极参与、配合和反馈。形成性评价方式和内容应该由教师与学生共同商定。

（二）评价内容

形成性评价又称过程评价，是教学评价的一种重要形式，它通常和终结性评价（如结业考试）相结合来评价课程教学效果和质量。形成性评价是学生、教师、教学管理者等相关教学评价主体依据教学目标，对教学过程进行实时、动态监控和跟踪，采用多种评价方式来反馈教学信息，既对学生学习成绩进行评价，也对学生学习态度、学习能力、学习阶段成果等进行综合评价，以保障教学质量，促进学生全面发展。目前，尚无一种适合所有课程、教师、学生的形成性评价方法。教师需要依据学生、教学管理者反馈的信息反思教学过程，制订个性化与共性相结合的教学方案，以满足不同学生需要，进而完善形成性评价内容。形成性评价对学生学习、教师教学和教学管理均有帮助。各个角色只有充分理解、积极反馈并合理利用形成性评价信息，才可能将评价结果用来监控学习和调整教学，使每个学生都有机会发挥潜能，从而提高教学质量。

　　教师评价学生在形成性评价中起重要作用。随着信息技术发展和手机的普及，教学资源不断丰富，学习环境不断改善，除了传统的考勤、提问等，随堂测验、阶段性考试、课堂讨论和辩论、实验操作、实验报告分析、实验归纳和总结情况及实验报告字迹是否工整、对问题理解的准确性、回答问题或讨论时思路是否清晰完整与语言表达是否清楚、学习态度、学习能力（如自学能力、团队协作能力）、课外知识与技能拓展情况等，都可被纳入形成性评价。

　　总而言之，学生自我评价可以帮助学生监控自身学习进度，发现薄弱环节，更重要的是能督促学生反思自身学习态度、学习能力、学习任务达成情况。因此，让学生参与形成性评价标准的制定，有助于他们及时记录学习进程并衡量自己的学习目标是否按时完成，从而为下一步努力找到目标和方向。学生评价教师与形成性评价反馈是教学质量得到保障的根本途径。学生对教师教学进行评价和及时反馈，包括教师的教学态度、专业能力、教学能力、人文素养和技术应用能力等方面。形成性评价与反馈通常可在教学过程的各个阶段进行，但一般以学期中的1/3、2/3和学期末作为评价与反馈的主要时间段。评价反馈时，可以由教师或教学管理者组织举办学生座谈会或开展问卷调查，收集学生对教学的建议，将相关信息进行梳理、分析，并及时反馈给相关教师和教研室，同时要求相关教师与教研室提出整改方案。

二、教师以及学生在形成性评价中扮演的角色

（一）教师扮演的角色

教师可以利用形成性评价，了解学生学习动态，从而设计更有针对性的教学方法。形成性评价将教师从简单"传授知识、答疑解惑"的传统角色转变为学生学习的促进者和辅助者。教师不再局限于"教"的角色，而是需要投入精力分析学情、研究课程和专业培养目标，并进行合理的教学设计；不再仅仅作为课堂内的知识传授者。在教学的各个阶段和各个场景，教师都可以设置评价点，引导、督促学生学习，考查其阶段性学习效果，并对其学习效果进行定性描述和定量打分，之后及时反馈给学生。同时，教师也接受学生的反馈，及时调整教学方案，进行针对性教学改革，满足学生多元化学习需要。

（二）学生扮演的角色

学生是学习的主体，形成性评价能较全面地评价学生知识掌握情况、能力、综合素质以及学习态度和学习能力，因而有助于增强学生自主学习意识，提升实践、创新能力。开展形成性评价能增加学生与教师间的良性互动，营造良好的氛围。学生通过自我评价、相互评价，明确自身知识学习和技能掌握情况尤其是薄弱点，同时通过评价教师，使教师得到及时的反馈，从而调整教学方案。学生可通过形成性评价，结合自身情况，改进学习方法，增强学习的自律性，找准努力方向进行高效自主学习，提高学习能力。在互联网时代，学生获取知识非常便捷，他们可以充分利用各种教学资源和信息，例如，在网络试题库进行答题自评，也可将学习过程中分析、整理、归纳的相关知识或技能训练方法以文字、视频、音频或动画等形式，上传至微信公众号、博客、微博、百科等网络平台，以供他人参考。

三、形成性评价对课程教学质量提升的作用

（一）充分发挥学生主观能动性

"课程评价对学生的学习效果和学习成就有着重要影响"[1]形成性评价强调充分发挥学生主观能动性。形成性评价变过去以教师为主导的教学模式为以学生

---

① 刘萍.对形成性评价的认识、实践和反思[J].化学教育（中英文），2021，42（14）：104.

为主体的教学模式，强调以学生为中心，倡导学生自我评价与学生互评，有利于提高学生学习的自律能力。同时，通过学生评价教师，使教师获得学生关于教学的一些意见和建议，有助于督促教师及时调整教学方案，完善教学方法，促进学生与教师间良性互动，激发学生学习兴趣，提高学生学习主动性。

（二）促进学生均衡发展

形成性评价将教师评价学生、学生自我评价与学生互评、学生评价教师、师生互相评价反馈都引入教学过程中，体现了形成性评价主体的多元性。同时，形成性评价倡导理论考核与实验技能考核评价并重，阶段性考核与终结性考核评价相结合，因而有助于全面、客观评价学生学习态度、学习能力和学习效果。形成性评价改变了以往以终结性评价（期末考试成绩）为主的单一模式，变为多角色参与、采用多种方法的有动态反馈机制保障的新评价模式。此外，评价过程和方法的多样化也有利于个性化教育的开展，并且还能帮助学生巩固强项、弥补弱项，促进学生均衡发展。

（三）体现个性化施教和教育公平

形成性评价相信每个学生都有尚未开发的潜质，通过适当的方法和一定的努力都能取得进步。教学中教师既要考虑成绩好的学生，也要照顾到成绩差的学生，因而要求课程设置和教学方法适当，注重因材施教、因人而异，使每个学生知识、能力和综合素质全面发展。对于学习成绩较差者，形成性评价能帮助学生增强自信，了解自己学习的进度和不足，找到努力的方向与目标，调整学习方法，投入更多精力进行高效学习，缩短与成绩较好者间的差距，从而打破学生对自己失望而放弃努力使得成绩更差的循环。对于成绩较好者，通过学生自我评价和相互评价，同样有助于学生及时反思与查缺补漏，并进行高效学习和能力拓展。

总而言之，有必要进一步完善形成性评价体系，以动态监控、评价学生的学习态度、学习能力和学习效果，并将这些信息反馈给教师、学生与教育管理者，使教师及时调整和完善教育教学方式，使学生不再简单寻找正确的答案，而是了解自己的学习目标、学习现状和薄弱环节、达成目标的方法以及自我提高途径。但要注意形成性评价的目的是改进教学而不是简单地评价教学。因此，有必要在教学实践中探索构建操作性强的可信度高的形成性评价标准体系，从而帮助学生学会学习、高效学习和终身学习，实现知识、能力和素质协调发展。

第四节　基于 OBE 理念的线上线下混合式教学质量提升

课堂教学作为高校人才培养的重要载体，在教学理念、内容、方法等方面的创新水平严重影响着人才培养质量。当前，人工智能、大数据、区块链等技术发展迅速，推动了教育教学方式的数字化、智能化改革。当前，高校要开展线上线下同步教学，教师要具备实施线上线下混合式教学的技能，学生要能快速适应线上教学模式。在"互联网+"背景下，基于OBE教育理念，创新教育教学方式，提升课堂教学质量，提高线上线下混合式教学实效，具有重要意义。

OBE教育理念（Out comes-Based Education）即成果导向教育理念，又称之为需求导向、能力导向教育理念，源自20世纪80年代美国的基础教育改革运动，突出教育的实用性和成果的重要性。OBE教育理念注重人才培养的社会需求性，强调围绕学习产出来安排教学实际和设计关键教学资源。近年来，OBE教育理念被广泛运用到我国高校专业建设、教育教学改革等方面，强调坚持以学生为本、采用逆向思维的方式进行课程体系建设，着重培养学生在未来工作中应具备的素质能力。因此，以学生能力培养为核心，要求学生互动参与教学过程，以团队小组形式开展合作研讨、探究式学习，增强师生互动，持续改进学习效果。而互联网信息技术的发展，为OBE理念下以学生为中心的线上线下混合式教学改革提供了技术支持。慕课被引入我国以后，开启了在线教育跨时代发展，特别是新冠肺炎疫情发生后，加速了在线教学方式的推广普及。

当前，线上线下混合式教学显现三大优点：①便捷高效性。突破了传统课堂教学的时空限制，教师利用线上教学平台，快速完成课程的线上建课任务，学生可自主选择舒适的空间去学习。例如，企业微信可以"一键建课"，教师可十分便捷地将学生拉入课程群，开展直播教学活动。②开放共享性。教师的线上课程资源，既可以来自本课程的教学资料积累，又可以引入国内外知名高校开设的精品在线课程学习资源，供学生随时观看。③探究合作性。基于OBE理念，依托超星学习通、雨课堂、企业微信等教学平台，方便师生开展教学研讨活动。但是，由于高校开展大规模混合式教学时间短，线上教学平台多且平台兼容性差，各高校线上教学软硬件配置参差不齐，教师对线上教学方法、技能掌握不娴熟，使用的线上教学平台多，导致学生需要安装多个平台客户端，针对不同课程需要频繁切换平台，从而影响教学质量和人才培养水平。

一、线上线下混合式教学质量的影响因素分析

教学质量是影响人才培养水平的重要指标，而教师的教学效果是影响教学质量的重要因素。对教学效果的衡量应涵盖立德树人、课堂讲授、讨论、实验课、习题课、辅导答疑、期末考核等全部教学环节。教学质量的标准制定过程中要把握三大原则，即"突出学生中心，注重激发学生的学习兴趣和潜能，创新形式、改革教法、强化实践，推动本科教学从"教得好"向"学得好"转变；突出产出导向，主动对接经济社会发展需求，科学合理设定人才培养目标；突出持续改进，强调做好教学工作要建立学校质量保障体系，要把常态监测与定期评估有机结合，及时评价、及时反馈、持续改进，推动教育质量不断提升。

线上线下混合式教学突破了传统教学的时空限制，一方面对教室的设备设施、网络软硬件环境及在线教学平台、教师的教学方法技能等有着较高要求；另一方面，要求学生配备电脑、摄像头等设备以及网络流量，能够快速适应线上教学的各项任务要求。影响混合式教学质量的因素，集中体现在硬件配置、软件保障、技能支持三大层面。首先，教室多媒体讲台、音响设备设施陈旧，缺少麦克风、摄像头等必要设备，导致无法开展线上同步教学；其次，教室网络不通畅，教师上网程序烦琐、忘记个人账号密码，选用线上教学平台多，直播卡顿、一直加载，导致线上调用课程资源、师生互动研讨难以正常进行；最后，部分教师不熟悉多媒体设备操作，不会使用超星学习通、企业微信、钉钉进行课堂直播，生硬将传统教学方法搬到线上，缺少与学生的互动交流，导致学生学习主动性不足。由此可见，当前混合式教学仍处于起步阶段，教学过程中需要的软硬件设备设施、网络技术支持、教师教学技能掌握是影响混合式教学质量的重要因素。

二、基于 OBE 理念提升混合式教学质量的策略

OBE教育理念的产出导向，更加注重教学质量提升和学生学习能力的培养，在课程教学模式改革中，要以学生为中心，反向设计课程体系，培养他们适应社会需求的专业知识和素质。在教学方式上，转变教师"教"、学生"学"的传统角色，以灵活性、互动式、探究式教学活动，满足学生个性化、多样化需求，引入多元化考核评价标准，持续改进教学质量，为社会培养更多优秀人才。互联网技术的应用，深刻改变了高校教学模式，突破了传统教学的时空限制和教师为主的满堂灌输授课方式，为OBE理念下高校创新型人才培养提供了技术支持。基于OBE理念提升高校混合式教学质量的策略具体内容如下：

第一，从思想理念上高度重视混合式教学模式改革。因疫情防控需要，高校在短时间内开展大规模线上教学，取得了良好的成效。但随着疫情防控常态化，部分高校对开展线上教学的要求放松，教师在可进行线下教学时，主动开展混合式教学的动力不足，积累的线上教学资源也难以保存或更新。

第二，学校要及时更新混合式教学需要的软硬件设备。智慧教学是现代教学模式创新的重要方向，表现为数字化、集成化、智能化、互动化，增强了课堂教学的趣味性、创新性、学生学习的主动性。开展线上线下混合式教学，对教室的多媒体、摄像头、音频设备、网络等有较高要求。

第三，高校要加大教师教学技能培训，大力支持线上课程建设。教师开展混合式教学，需要掌握学习通、企业微信、钉钉等教学平台的使用方法，并利用教学平台建设课程，充实课件、讲义、视频、习题等资源，熟练地进行签到、分组、作业批改、留言讨论、考试等教学活动。从调查情况来看，部分教师仅是将线下教学搬到线上进行，简单进行PPT展示，满堂灌输、缺少互动性，不愿意主动学习线上教学技能。例如，开展线上教学后，学校积极鼓励教师开展线上考试，但实际进行线上考试的课程较少，部分教师选择延期线下考试。尽管难以开展线上考试的原因很多，但教师对进行线上考试的操作流程、技能要求等存在畏难情绪是重要原因之一。

第四，高校要始终以OBE教育理念为引导，以学生为中心，优化教育教学模式，适应学生多元化学习需要。高校要随时准备线上线下教学模式切换，推动混合式教学由应急性转向常态化，将其打造成为高校教学模式改革的突破口和展示窗口。

结束语

　　本书将教育管理与教学质量提升相结合，探寻促进我国教学质量提升的创新对策，提高教学质量是学校长足发展的重要任务。本书内容设计广泛，对从事教育管理专业的研究学者与教学相关工作者有学习和参考的价值。

参考文献

一、著作类

[1]王琪.高校人力资源管理与行政改革研究[M].北京：北京工业高校出版社，2018.

[2]李燕.新时期高校教师能力培养与专业化发展探究[M].成都：四川高校出版社，2018.

二、期刊类

[1]胡中锋，许国动.现代教育管理理论丛林的发端、困境与发展趋势[J].高校教育管理，2014，8（5）：105.

[2]黄永军.发展教育管理理论的方法探究[J].国家教育行政学院学报，2011（1）：43.

[3]靳澜涛.教育治理与教育管理的关系辩正及其实践反思——对一个老问题的新看法[J].教育学术月刊，2020（6）：17.

[4]刘奎汝.解析大数据时代高校行政管理信息化建设[J].中外企业家，2020，（18）：40.

[5]陈时见，谢梦雪.参与式教学的形态特征与实施策略[J].西南大学学报（社会科学版），2016，42（6）：91.

[6]董彩云.“自主、合作、探究”的参与式教学法研究[J].甘肃教育研究，2021（4）：123.

[7]周琳，周文叶.形成性评价：促进学生自我调节学习能力的养成[J].上海教育科研，2020（2）：53.

[8]刘萍.对形成性评价的认识、实践和反思[J].化学教育（中英文），2021，42（14）：104.

[9]洪早清，袁声莉.基于课程思政建设的高校课程改革取向与教学质量提升[J].高校教育管理，2022，16（1）：38.

[10]罗海莹.普及化阶段高校教育质量文化建设困境分析及应对[J].高教论坛，2022（7）：66.

[11]赵巍.后疫情时代的高校在线教学质量管理[J].现代教育管理，2021（5）：107.

[12]徐良，王玲.应用型院校学生完全学分制教育教学管理探索[J].中国成人教育，2022（5）：20.

[13]王关义，赵贤淑.关于构建高校教学质量保障体系与实施系统的思考[J].国家教育行政学院学报，2015（2）：13.

[14]蔡红梅，许晓东.高校课堂教学质量评价指标体系的构建[J].高等工程教育研究，2014（3）：177.

[15]董埇希.本科教学审核评估对高校内部质量保障体系建设的启示[J].现代教育管理，2019（6）：56.

[16]谷陟云.高校教育质量文化研究：脉络梳理与路向展望[J].高教探索，2021（5）：26.

[17]肖文兴，刘善球，陶景霞，等.大众化教育时期高校教学质量保障与监控新探——以湖南高校为例[J].当代教育论坛，2012（2）：29.

[18]哈斯巴根.高校课堂教学质量结构方程模型构建与应用——教师评价的视角[J].高校教育管理，2013，7（4）：105.

[19]刘秀梅，张雪遥.高校教师教学质量评价审思[J].高教探索，2022（4）：56.

[20]张玉亮.高校本科教学质量三维立体评价指标体系研究[J].现代教育管理，2011（10）：65.

[21]刘尧飞.独立学院教学质量评价指标体系研究[J].教育评论，2014（6）：12.

[22]翟继友.基于决策树的教师教学质量评价分析[J].教育评论，2015（9）：65.

[23]邓康桥，宋晶.以教育质量为导向的高校网络教育管理模式研究[J].高校教育管理，2013，7（4）：100.